Sommerobst

Erdbeeren, Himbeeren & Co.

Die besten Rezepte

Trautwein Küchen-Edition

Sommerobst

„Schmeckt gut und hält gesund“ 4

Einheimische und exotische Fruchtsorten 4

Die wichtigsten Sommerfrüchte von A–Z 5

Fruchtsäfte herstellen 10

Früchte einkochen 11

Marmeladen, Konfitüren, Gelees 12

Die Rezepte

Süße Hauptgerichte 13

Fruchtige Desserts 27

Saucen 51

Obstkuchen und -torten 53

Sommerliche Bowlen und Drinks 75

Marmeladen, Konfitüren & Co. 83

Register 95

Text- und Bildquellen 96

Impressum 96

„Schmeckt gut und hält gesund"

In diesem Motto sind die Vorzüge der Früchte zusammengefasst: prall gefüllt mit gesunden Vitaminen, Enzymen sowie lebenswichtigen Mineralstoffen und frisch von Baum und Strauch genießbar. Ihre sinnlichen Eigenschaften, zu denen Duft, Aroma, Saftigkeit und Süße gehören, regen die Verdauung an und lassen einem das sprichwörtliche „Wasser im Munde zusammenlaufen". Das heute im Mittelpunkt von Ernährungsfragen stehende Kalorienproblem stellt sich bei Früchten erst gar nicht. Denn sie sind bis auf wenige Ausnahmen kalorienarm, zudem cholesterin- und purinfrei. Sie haben wenig Fett (mit Ausnahme der Avocado, die auch zu den Früchten zählt) und Eiweiß, wobei der geringe Eiweißgehalt aus wertvollen Proteinen besteht.

Süße Früchte enthalten vor allem die Einfachzucker Glucose (Traubenzucker) und Fructose (Fruchtzucker), die für eine rasche Energiezufuhr sorgen. Dadurch kann die Leistungsfähigkeit bei besonderer körperlicher und geistiger Anstrengung schnell regeneriert werden. Da Fruchtzucker insulinunabhängig verstoffwechselt wird, entlastet er die Bauchspeicheldrüse.

Obst liefert auch reichlich Ballaststoffe (unverdauliche Kohlenhydrate), die helfen, den Blutzuckerspiegel konstant zu halten, sowie die Verdauung sanft anregen und beschleunigen.
Früchte sind auch kleine Schatzkammern an Vitaminen. Eine ausreichende Vitaminzufuhr ermöglicht einen ungestörten Ablauf aller Stoffwechselfunktionen im Körper. Enthalten sind vor allem wasserlösliches Vitamin C und die Vitamine des B-Komplexes sowie Beta-Carotin, eine Vorstufe des fettlöslichen Vitamin A.
Am bekanntesten ist das Vitamin C, dessen Funktionen vielfältig sind. Als Antioxidans macht es Sauerstoffradikale, die die Zellen angreifen, unschädlich.
Daneben liefert Obst Vitamine der B-Gruppe und relativ kleine Mengen an Vitamin E. B-Vitamine spielen eine wichtige Rolle bei zahlreichen Stoffwechselreaktionen, sind unerlässlich für den Energiestoffwechsel, wirken haut- sowie schleimhautschützend und gelten als „Nervennahrung". Beta-Carotin oder Provitamin A wird im Körper zu Vitamin A umgewandelt. Vitamin A ist unerlässlich für die Sehfunktion. Da es die Funktion von Haut und Schleimhäuten aufrechterhält, wird Vitamin A auch als Schönheitsvitamin bezeichnet.

Auch die Gruppe der lebenswichtigen Mineralstoffe und Spurenelemente ist in Früchten vielfältig vertreten. Mineralstoffe sind an zahllosen Aufbau- und Regulationsvorgängen im Körper beteiligt. Spurenelemente spielen eine wichtige Rolle in der Immunabwehr. Eine unzureichende Zufuhr führt – zunächst schleichend – zu Mangelerscheinungen. Früchte liefern vor allem die Mineralstoffe Kalium, Kalzium und Magnesium sowie die Spurenelemente Eisen, Mangan, Zink, Kupfer, Fluor und Selen.
Der Kaliumreichtum der Früchte sorgt für ein günstiges Kalium-Natrium-Verhältnis im Körper.

Einheimische und exotische Fruchtsorten

Unser einheimisches Obst wird eingeteilt in Kernobst (Äpfel, Birnen, Quitten), Beerenobst (Erdbeeren, Heidelbeeren, Preiselbeeren, Johannisbeeren, Himbeeren, Brombeeren, Stachelbeeren, Weintrauben), Wildfrüchte (Berberitzen, Vogelbeeren, Hagebutten, Holunderbeeren, Schlehen) sowie Steinobst (Pfirsiche, Nektarinen, Aprikosen, Kirschen, Pflaumen, Mirabellen und Zwetschgen). Rhabarber, der die heimische Obstsaison im Frühjahr einläutet, ist eigentlich kein Obst, sondern ein „Stielgemüse".

Zu den Südfrüchten, die importiert werden müssen, zählen Zitrusfrüchte sowie Ananas, Bananen, Datteln, Feigen, Kaki-Früchte, Karambolen, Kiwis, Lychee, Mangos, Melonen, Papayas und Avocados.

Die wichtigsten Sommerfrüchte von A–Z

Im Früh- und Hochsommer können wir einheimische Früchte in bunter Abfolge genießen, nämlich Erdbeeren, Brombeeren, Himbeeren, Johannisbeeren, Mirabellen, Heidelbeeren und Stachelbeeren sowie Aprikosen, Nektarinen, Pfirsiche, Sauer- und Süßkirschen sowie Pflaumen. Mit der Apfel-, Birnen- und Zwetschgenernte hat der Sommer bereits seinen Höhepunkt überschritten und neigt sich dem Herbst zu.

Aprikosen

Inhaltsstoffe pro 100 g
47 kcal/197 kJ
1,0 g Eiweiß
0,2 g Fett
10,3 g Kohlenhydrate
2,0 g Ballaststoffe

Die Heimat des Aprikosenbaumes ist China. Von dort gelangte er über Armenien nach Europa, wo er zunächst in Spanien und Frankreich kultiviert wurde. Zu Marmelade verarbeitet, tritt die Aprikose heute international auf, sie ist sogar die häufigste Hotelmarmelade!
Aprikosen gehören zu den besten Carotin-Lieferanten, so genügen bereits 150 g frische Früchte, um den Tagesbedarf an Vitamin A zu decken. Der hohe Kaliumanteil von Aprikosen wirkt entwässernd, hilft beim Abnehmen, entstaut die Beine und entlastet Herz und Kreislauf.

Brombeeren

Inhaltsstoffe pro 100 g
44 kcal/183 kJ
1,2 g Eiweiß
1,0 g Fett
6,2 g Kohlenhydrate
3,2 g Ballaststoffe

Die Brombeere, auch Bram-, Brumm- oder Brummelbeere genannt, gehört zu den ältesten natürlichen Heilmitteln in Europa und Vorderasien. Die Volksmedizin verwendet vor allem ihre Blätter.
Heute ist die Brombeere vorwiegend in der nördlichen Hemisphäre verbreitet, meist wild wachsend, doch auch stachellos kultiviert. Ob roh genossen, zu Marmelade, Gelee, Kompott oder Likör verarbeitet, die schwarzroten Beeren gehören zu den gesündesten Früchten. Sie enthalten das hochwirksame Dreiergespann aus Provitamin A, Vitamin E und Vitamin C. Bemerkenswert hoch ist auch der Gehalt an sekundären Pflanzenstoffen, besonders an der krebshemmenden Eilagsäure.

Tipp
Beim Einkauf vollreife Früchte bevorzugen, deren Fruchtfleisch bei leichtem Fingerdruck nachgibt. Grüne, harte und mehlige Früchte haben einen geringen Gesundheitswert.

Erdbeeren

Inhaltsstoffe pro 100 g
33 kcal/138 kJ
0,6 g Eiweiß
0,5 g Fett
6,3 g Kohlenhydrate
2,0 g Ballaststoffe

Die Erdbeere ist eigentlich eine Scheinbeere, die Früchte sind kleine Nüsschen, die außen auf der fleischigen Fruchtachse sitzen. Erdbeeren werden in Europa seit dem 16. Jahrhundert kultiviert. Im 18. Jahrhundert kam die große Virginia-Erdbeere aus den USA nach Mitteleuropa, die Vorfahrin aller großen Erdbeersorten, von denen es heute ca. 600 gibt. Unübertroffen im Aroma ist aber bis heute noch die Walderdbeere. Wussten Sie, dass Erdbeeren mehr Vitamin C als Zitronen und Orangen enthalten? Bereits 150 g decken den Tagesbedarf an Vitamin C! Erdbeeren sind zudem wirksame Appetitmacher und Verdauungshelfer.
Ihre zahlreichen Inhaltsstoffe (rund 300 wurden bis jetzt isoliert) wirken schleimhautreinigend, wundheilend, harntreibend, stoffwechselanregend und fiebersenkend.
Wenn man nicht zu den von der Natur benachteiligten Menschen gehört, die auf Erdbeeren allergisch reagieren, sollte man im Sommer in Erdbeeren schwelgen.

Tipp
Beim Einkauf kleine, voll ausgereifte Früchte bevorzugen, denn Erdbeeren reifen nicht nach. Kleine Früchte sind in der Regel aromatischer. Gute und reife Früchte kann man am Duft erkennen. Da bereits 5 Stunden nach der Ernte Aroma und Vitamingehalt der Erdbeeren nachlassen, sollte man sie so frisch wie möglich verzehren.

Tiefgekühlte Erdbeeren werden leider weich und verlieren an Geschmack. Eine Alternative zum Tiefkühlen ist die Herstellung von Erdbeermarmelade mit kurzen Kochzeiten.

Heidelbeeren

Inhaltsstoffe pro 100 g
87 kcal/362 kJ
0,7 g Eiweiß
0,6 g Fett
19,6 g Kohlenhydrate
4,9 g Ballaststoffe

Wild nachwachsende Heidelbeeren, auch Bick-, Blau- oder Schwarzbeeren genannt, sind durch den Farbstoff Anthocyan durch und durch blau. Die Früchte dieses Heidekrautgewächses sind über ganz Europa, Nordamerika und Nordasien verbreitet. Seit ca. 1900 gibt es auch Kulturheidelbeeren, die ca. doppelt

so groß sind und bei denen der blaue Farbstoff nur in der Schale sitzt.
Die aromatischen Früchte sind sehr reich an Vitaminen und sekundären Pflanzenstoffen. Ihre Gerbstoffe wirken entgiftend, antibakteriell und helfen bei Durchfall. Heidelbeeren eignen sich auch ausgezeichnet zum Einfrieren.

Himbeeren

Inhaltsstoffe pro 100 g
32 kcal/134 kJ
1,3 g Eiweiß
0,4 g Fett
5,8 g Kohlenhydrate
4,5 g Ballaststoffe

Himbeeren gehören zu den Rosengewächsen. Wild gewachsen schmecken sie am aromatischsten, kultiviert haben sie weniger Kerne. Beheimatet sind sie ursprünglich in den Wäldern nördlichen Breitengrades. Die süßen aromatischen Früchte haben es in sich: Sie sind reich an Fruchtsäuren, Feinaromen und Vitaminen. Ihre Mineralien feuern den Stoffwechsel an und unterstützen die Knochenbildung. Pektine und Gerbstoffe fördern die Entgiftungsarbeit der Leber. Und der extrem hohe Vitamin-C-Gehalt schützt vor freien Radikalen und stärkt die Abwehrkräfte. Roh gegessen, sind sie natürlich am wirksamsten. Im Gegensatz zu Erdbeeren sind Himbeeren aber auch ausgezeichnet gefrierfähig – wer könnte schon der ganzjährigen Aussicht auf „Eis mit heißen Himbeeren" widerstehen?

Johannisbeeren

Inhaltsstoffe pro 100 g
(rote Johannisbeeren)
38 kcal/158 kJ
1,1 g Eiweiß
0,2 g Fett
7,9 g Kohlenhydrate
3,5 g Ballaststoffe

Johannisbeeren, im süddeutschen und österreichischen Sprachraum auch unter dem Namen Ribisel im Handel, gibt es in einer breiten Farbpalette von Weiß über Gelb und Rosa bis Rot und Schwarz. Sie reifen um Johanni, also den 24. Juni, und haben daher ihren Namen. Alle Sorten schmecken stark säuerlich und je dunkler die Färbung, desto herber der Geschmack. Die schwarze Johannisbeere wird auch als Ahl-, Gicht-, Bock- oder Wanzenbeere bezeichnet, da sie sehr streng, fast aufdringlich riecht. Mit Himbeeren gemischt, wird aus schwarzen Johannisbeeren der berühmte französische Likör „Crème de Cassis" hergestellt, der mit Champagner zum „Kir Royal" gemixt wird.
Johannisbeeren sind wahre Vitaminbomben, allen voran die schwarzen. 100 g schwarze Johannisbeeren decken fast den doppelten Tagesbedarf an Vitamin C! Dazu liefern Johannisbeeren mehrere B-Vitamine und reichlich verdauungsförderndes Pektin. Die Volksmedizin schätzt ihre blutreinigende, harn- und schweißtreibende Wirkung.

Mirabellen

Inhaltsstoffe pro 100 g
67 kcal/281 kJ
0,7 g Eiweiß
0,2 g Fett
15,5 g Kohlenhydrate
0,7 g Ballaststoffe

Als Frischfrucht werden Mirabellen selten angeboten, da sie sehr klein und etwas trocken sind. Ihre Farbe reicht von grün bis gelb, an der Sonnenseite oftmals rötlich. Für Marmeladen und Konfitüren eignen sich Mirabellen aber ausgezeichnet, deshalb werden sie fast ausschließlich dazu verarbeitet.

Nektarinen

Inhaltsstoffe pro 100 g
53 kcal/223 kJ
0,9 g Eiweiß
Fett in Spuren
12,4 g Kohlenhydrate
2,0 g Ballaststoffe

Die Nektarine ist eine enge Verwandte des Pfirsichs, diesem auch in den Inhaltsstoffen sehr ähnlich. Im Gehalt an ß-Carotin übertrifft sie den Pfirsich bei vollreifer Ernte jedoch um das Sechs- bis Siebenfache.
Äußerlich unterscheidet sie sich durch festeres Fruchtfleisch und eine dünnere, sehr glatte und glänzende Fruchthaut.

Pfirsiche

Inhaltsstoffe pro 100 g
39 kcal/161 kJ
0,7 g Eiweiß
0,1 g Fett
8,7 g Kohlenhydrate
1,4 g Ballaststoffe

Pfirsiche sind die Steinfrüchte des asiatischen Pfirsichbaumes, der heute überall in den gemäßigten Klimazonen wächst. Die Früchte variieren stark in Größe und Farbe, von weiß- oder gelbfleischig bis intensiv gelb oder rötlich. Die Fruchthaut ist samtig behaart.
Auch Pfirsiche sind reich an Vitaminen und Mineralien, u. a. enthalten sie Zink, das besonders für Männer wichtig ist. Der hohe Kaliumgehalt wirkt entwässernd, Carotin und Bioflavone sind gefäßschützend. Und die milden Fruchtsäuren regen den Appetit an.
Angefaulte Pfirsiche nicht ausschneiden, sondern wegwerfen, denn sie können das gefährliche Schimmelpilzgift Patulin enthalten.

Tipp
Beim Einkauf prüfen, ob die Früchte aromatisch duften, denn unreifes Obst bildet keine Aromastoffe.
Vorsicht vor Pfirsichexemplaren, deren Kern in zwei Hälften zerfällt, sie schimmeln rasch.

Pflaumen

Inhaltsstoffe pro 100 g
62 kcal/260 kJ
0,6 g Eiweiß
0,2 g Fett
14,5 g Kohlenhydrate
0,6 g Ballaststoffe

Die Pflaume war bereits 500 v. Chr. bei den Griechen bekannt und kam von dort im 2. Jahrhundert v. Chr. zu den Römern und weiter in nördliche Gebiete. Sie unterscheidet sich von der Zwetschge durch eine runde Form mit Fruchtnaht; die Zwetschge hat spitze Enden und keine Fruchtnaht. Allerdings gibt es viele Kreuzungen, so dass die Unterschiede heute nicht mehr so ausgeprägt sind. Pflaumen reifen bereits ab Mitte Juni und gehören deshalb zum Sommerobst, Zwetschgen können wir im Herbst genießen.

Rhabarber

Inhaltsstoffe pro 100 g
(pro 100 g gekochtem Rhabarber)
15 kcal/64 kJ
1,0 g Eiweiß
Fett in Spuren
34,0 g Kohlenhydrate
2,0 g Ballaststoffe

Die saftigen, fleischigen Blattstiele stammen von einem innerasiatischen Knöterichgewächs. Im Altertum schätzte man ihn als Arzneipflanze,

wobei in erster Linie die Wurzel verwendet wurde. Als Kompottpflanze wurde der Rhabarber erst ca. Mitte des 19. Jahrhunderts entdeckt. In Deutschland sind die Sorten Holsteiner Blut oder Himbeerrhabarber (mit grünem Stielende) und Blutrhabarber (mit rotem Stielende) im Handel erhältlich.
Der intensiv saure Geschmack der Stangen ist durch Gerbstoffe, Essig-, Zitronen- und Apfelsäure sowie durch geringe Mengen Oxalsäure bestimmt. Der Vitamingehalt ist durchschnittlich, die Mineralstoffe sind in einem besonders herz- und kreislauffreundlichen Verhältnis enthalten.
Der Genuss von Rhabarber sollte jedoch auf mäßige Mengen beschränkt werden, da die Oxalsäure nicht nur den Zahnschmelz angreift, sondern auch die Kalziumresorption aus der Nahrung behindert. Rhabarber bildet in Zusammenhang mit Milchprodukten Kalziumoxalat, das an den Zähnen haften bleibt. Daher fühlen sich die Zähne nach Rhabarbergenuss stumpf an. Wer zu Rheuma, Gicht und Nierensteinen neigt, sollte ganz auf Rhabarber verzichten.
Den Oxalsäuregehalt kann man verringern, indem man den Rhabarber schält, klein schneidet und kurz in kochendem Wasser blanchiert. Die Oxalsäure löst sich im Wasser, deshalb das Wasser nach dem Kochen wegschütten.
Übrigens: Rhabarber darf niemals in aluminiumhaltigen Töpfen gekocht werden.

Tipp
Rhabarber darf nie roh gegessen werden. Die Blätter sind absolut tabu, da besonders oxalsäurereich. Die Stängel sollten großteils geschält werden, da die Haut die meiste Oxalsäure enthält.

Stachelbeeren

Inhaltsstoffe pro 100 g
47 kcal/195 kJ
0,8 g Eiweiß
0,2 g Fett
10,4 g Kohlenhydrate
3,0 g Ballaststoffe

Die Stachelbeere ist seit ca. 350 Jahren in Europa bekannt. Ihre Heimat liegt im Himalaya, im Kaukasus und in Nordafrika. Unreif sind die Früchte des Stachelbeerbusches grün, später färben sie sich rot. Stachelbeeren regen den Stoffwechsel an, der hohe Vitamin-C-Gehalt stärkt die Immunabwehr, das reichlich vorhandene Pektin unterstützt die Verdauung, und die Kieselsäure kräftigt Haare, Nägel und Gefäßwände.
Den höchsten Gehalt an all den wertvollen Inhaltsstoffen haben vollreife rote Beeren, die man möglichst roh genießen sollte. Die unreifen grünen schmecken dagegen vorzüglich als Kompott und Obstkuchenbelag.

Süß- und Sauerkirschen

Inhaltsstoffe pro 100 g
(Süßkirsche)
59 kcal/246 kJ
1,1 g Eiweiß
0,4 g Fett
12,7 g Kohlenhydrate
2,9 g Ballaststoffe

Das rotkugelige Steinobst stammt aus Kleinasien. Von dort führte der Feinschmecker Feldherr Lukull eine besonders süße Kirschsorte in den römischen Provinzen ein. Heute kennt man über 1000 Kirschsorten, von gelber über rosa und tiefroter bis schwarzroter Farbe. An Süßkirschen kann man u. a. zwischen weichfleischigen Herzkirschen und festfleischigen Knorpelkirschen wählen. Aus den kleinen Brennkirschen wird Kirschwasser hergestellt. Besonders herb im Geschmack sind Sauerkirschen, in Deutschland auch unter dem Namen Schattenmorellen bekannt, die ihr fein-säuerliches Aroma erst beim Garen voll entfalten.
Eine 3. Kategorie sind die Bastardkirschen, eine Kreuzung

aus süßen und sauren Sorten. Sie werden auch als Süßweichseln oder Glaskirschen angeboten. Maraschinokirschen sind kleine Wildfrüchte aus Dalmatien, die vorzugsweise zu Likör gebrannt werden.
Kirschen sind ausgezeichnete Energiespender, da sie leicht verwertbare Zucker enthalten. Die dunkleren Sorten enthalten viele Mineralien wie Kalium, Kalzium, Eisen und Magnesium. Der hohe Gehalt an antioxidativen Schutzstoffen wie Vitamin C, Carotin und Flavonoiden kommt dem Körper voll zugute, wenn man Kirschen möglichst häufig roh verzehrt. Ihre Fruchtsäuren regen die Verdauungsdrüsen an, weshalb Kirschen auch bei Appetitlosigkeit hilfreich sind.

Tipp
Niemals nach dem Kirschenessen Wasser trinken, denn das kann zu schmerzhaften Bauchkrämpfen führen. Dies gilt besonders für Kinder.

Fruchtsäfte herstellen

Es gibt verschiedene Verfahren, im Haushalt aus Obst frische Säfte zu bereiten. Während man den Saft aus Zitrusfrüchten durch einfaches Auspressen gewinnen kann, bietet sich bei Beeren und Steinobst der elektrische Entsafter an. Allerdings enthalten die so hergestellten Säfte noch relativ viel Fruchtfleisch.
Auch mit dem elektrischen Mixer lässt sich frischer Fruchtsaft herstellen, jedoch nur aus weichen Früchten, die man problemlos pürieren kann. Ideal ist diese Methode für Milchmixgetränke.
Im 19. Jahrhundert fand der Chemiker und Biologe Louis Pasteur heraus, dass durch Erhitzen über 70 Grad die meisten Fäulnisbakterien abgetötet werden, und schuf so die Grundlagen praktischer Sterilisationsmaßnahmen.
Im Handel werden zur Fruchtsaftherstellung und gleichzeitiger Sterilisation spezielle Dampfentsafter angeboten. Diese bestehen aus drei ineinander passenden Töpfen. Im unteren Topf wird das Wasser zum Kochen gebracht, der entstehende Wasserdampf steigt durch einen Tunnel in den oberen Topf, in dem sich das vorbereitete Obst befindet. Der heiße Dampf bringt die Zellwände zum Platzen, der entstehende Saft tropft durch Löcher im Topfboden in den mittleren Behälter. Durch das Öffnen eines Hahns kann man den heißen Saft direkt in Flaschen abfüllen. Sehr praktisch sind auch elektrische Dampfentsafter.

Wer nicht so viel investieren möchte, kann auch mit der vorhandenen Küchenausstattung aus Früchten Saft gewinnen. Man braucht dazu einen normalen, aber möglichst hohen und schmalen Kochtopf, auf dessen Boden man einen Rost legt.

Nachdem man etwas Wasser in den Topf gegossen hat, wird eine hitzebeständige Schüssel hineingestellt, so dass diese im Wasserbad steht. Daraufhin verschließt

man den Topf mit einem locker gespannten Baumwolltuch, indem man das Tuch mit einem Zwirn ringsherum festbindet.
Das gewaschene, geputzte und zerkleinerte Obst, nach Wunsch mit etwas Zucker durchzogen, legt man anschließend auf das Tuch und bringt das Wasser zum Kochen. Der Entsaftungsprozess beginnt, der entstehende Saft tropft gefiltert in die Schüssel. Der heiße Saft kann sofort – evtl. noch mal kurz aufkochen! – in Flaschen abgefüllt werden.

Zu empfehlen sind Flaschen mit Twist-off-Verschlüssen. Damit auch der Deckel durch die heiße Flüssigkeit keimfrei gemacht wird, legt man nach dem Befüllen die Flaschen kurz flach, am besten auf einem Tuch, damit sie nicht wegrollen.

In jedem Fall muss der Fruchtsaft langsam abkühlen und anschließend dunkel und kühl gelagert werden.

Mit Mineralwasser verdünnt, werden aus Fruchtsäften herrlich erfrischende Schorlen; durch Zugabe von Apfelpektin kann man köstliche Gelees herstellen.

Früchte einkochen

Zum Einkochen und damit Haltbarmachen von Früchten gibt es spezielle Einmachkessel und Einweckgläser. Das vorbereitete Obst wird darin im heißen Wasserbad auf die richtige Temperatur gebracht. Die Fruchtstücke müssen jedoch unbedingt durch und durch auf mindestens 70 Grad erhitzt werden, damit nicht später eine Vermehrung noch nicht abgetöteter Mikroorganismen stattfinden kann und so das ganze Einmachgut vernichtet wird. Bedienungsanleitung der Gerätehersteller sollte man beachten.

Auch im eigenen Backofen kann man Obst einkochen. Die gefüllten Einweckgläser werden in der Bratpfanne im heißen Wasserbad erhitzt. Am besten verwendet man dabei die herkömmlichen Gläser mit Gummiringen und Klammern.

Sehr zu empfehlen sind auch beim Einkochen von Obst die praktischen Gläser mit Twist-off-Verschlüssen, die es in vielen Größen gibt. Die vorbereiteten Früchte müssen nur gut aufgekocht und anschließend in die sauberen Gläser abgefüllt werden. Diese stellt man dann gut verschlossen sofort auf den Kopf, damit auch der Deckel keimfrei gemacht wird.

Wenn folgende Einmachtipps beachtet werden, kann nichts schief gehen:

- Auf jeden Fall genau nach Rezeptangaben arbeiten, Mengen und Kochzeiten einhalten.
- Nur wirklich frisches Obst verwenden, dieses gründlich waschen und putzen, schadhafte Stellen sorgfältig entfernen.

- Alle verwendeten Geräte und Kochutensilien müssen peinlich sauber sein. Spülmittelreste gründlich abspülen.

- Gefäße, Gläser, Gummiringe, Twist-off-Verschlüsse auf einwandfreien Zustand überprüfen.

- Nach dem Einkochen müssen die Gläser fest verschlossen sein, andernfalls war möglicherweise etwas (Glas, Gummiringe etc.) beschädigt. Den Inhalt dann umfüllen und noch mal einkochen.

- Fertig eingemachte Gläser außen säubern und möglichst kühl, trocken und luftig lagern.

- Ab und zu die Vorräte auf einwandfreien Zustand überprüfen.

Marmeladen, Konfitüren, Gelees

Vor der Entdeckung des Pektins als natürliches Geliermittel, das aus unreifen Äpfeln gewonnen wird, mussten Früchte für süße Brotaufstriche mit sehr viel Zucker durch langes Kochen haltbar gemacht werden, wobei wertvolle Inhaltsstoffe verloren gingen. Heute genügen durch Zugabe von Pektin kurze Kochzeiten; Vitamine und Aromen sowie Farbe der Früchte bleiben erhalten. Auch die Zuckermenge kann deutlich reduziert werden.

Pektin kommt in fast allen Früchten vor, besonders in Äpfeln und Zitrusfrüchten. Es hält die Zellen zusammen; je unreifer die Früchte sind, umso mehr Pektin enthalten sie. Beim Reifevorgang baut sich das Pektin langsam ab, die Früchte werden weicher. Bei der Marmeladenherstellung verfährt man nun umgekehrt und gibt den reifen Früchten diese zellbildende Substanz wieder zurück. Nach kurzem Erhitzen bildet sich in dem Gemisch aus Früchten, Zucker und Zitronensäure, die als Säuerungsmittel benötigt wird, ein neues Zellgerüst, die Früchte gelieren.

Tipp
Bei Einhaltung der Rezepte und Kochanleitungen sowie sorgfältiger Reinigung aller Arbeitsutensilien kann es eigentlich nicht vorkommen, dass sich auf Marmeladen, Konfitüren oder Gelees Schimmel bildet. Sollte sich wider Erwarten doch einmal Schimmel zeigen, so muss man nicht den gesamten Glasinhalt vernichten. Durch den hohen Zuckeranteil kann der Schimmel nicht eindringen. Man entfernt den Schimmel zunächst manuell und gießt dann kochendes Wasser auf die Oberfläche. Der restliche Schimmel löst sich dadurch auf, und man schüttet ihn mit dem Wasser ab. Man wiederholt diesen Vorgang, wobei man so viel Wasser aufgießt, dass es über den Glasrand läuft. Das verbleibende Wasser sorgfältig abgießen!

Eine Marmelade ist im herkömmlichen Sprachgebrauch ein süßer, homogener Brotaufstrich, der aus einer oder mehreren Fruchtsorten besteht. Eine Konfitüre ist aus einer Fruchtsorte hergestellt, wobei noch deutlich Fruchtfleisch zu erkennen ist. Ein Gelee wird durch Zugabe von Pektin aus dem Saft einer oder mehrerer Fruchtsorten gewonnen und ist deshalb klar.

Für Industrie und Handel gelten im EU-Raum folgende Klassifizierungen:
Marmeladen dürfen nur noch Erzeugnisse aus Zitrusfrüchten genannt werden, Konfitüren sind Produkte aus einer oder mehreren Fruchtsorten. Dabei wird unterschieden zwischen „Konfitüre extra“ mit hohem Fruchtgehalt und „Konfitüre einfach“ mit niedrigem Fruchtgehalt. Bei Gelees gibt es ebenfalls die Bezeichnung „Gelee extra“ (hoher Saftanteil) und „Gelee einfach“ (niedriger Saftanteil).

Süsse Hauptgerichte

Kartoffelpuffer mit gedünsteten Beeren (Abb. S. 13)

Zutaten:
1 kg mehlig kochende Kartoffeln
2 Eier
Salz
400 g gemischte Beeren (frisch oder aufgetaute TK-Beeren)
2 EL Butter
2 EL Puderzucker
4 EL Rum
Butterschmalz zum Braten

Zubereitungszeit: 40 Min.

EW	Fett	KH	kcal/kJ
9 g	16 g	39 g	367/1541

- Kartoffeln waschen, schälen und fein reiben. In einem Tuch ausdrücken, abtropfende Flüssigkeit auffangen.
- Eier und geriebene Kartoffeln verrühren. Aufgefangenes Kartoffelwasser vorsichtig abgießen, so dass die abgesetzte Stärke übrig bleibt. Diese unter den Kartoffelteig rühren. Leicht salzen.
- Beeren waschen und putzen.
- Butter in einer großen Pfanne erhitzen und aufschäumen, Beeren darin 1 Minute dünsten, mit Puderzucker bestäuben und mit Rum ablöschen. 1–2 Minuten kochen, so dass der Alkohol verdunstet, die Beeren aber nicht zu weich werden. Beeren vom Herd nehmen und etwas abkühlen lassen.
- Kartoffelpuffer portionsweise braten. Dazu in einer großen Pfanne reichlich Butterschmalz erhitzen und kleine Kartoffelteighäufchen hineinsetzen. Glatt streichen und Puffer von beiden Seiten in jeweils 3–4 Minuten goldbraun braten.
- Mit den Beeren anrichten.

Pfirsichauflauf (für 6 Personen)

Zutaten:
500 g Pfirsiche
Butter zum Einfetten
180 g Zucker
2 Päckchen Vanillinzucker
3 Eier
80 g Mehl
80 g Speisestärke
1 gestr. TL Backpulver
100 g Mandeln, gehackt
Puderzucker zum Bestäuben
Vanille- oder Weinschaumsauce als Beilage

Zubereitungszeit: 60 Min.

EW	Fett	KH	kcal/kJ
7 g	12 g	98 g	420/1761

- Pfirsiche mit kochend heißem Wasser übergießen und die Haut abziehen. Die Früchte halbieren, entsteinen und vierteln.
- Feuerfeste Form mit Butter einfetten, Pfirsiche hineingeben. Mit 30 g Zucker und 1 Päckchen Vanillinzucker bestreuen.
- Eier trennen.
- Für den Teig Eiweiß und 3 EL kaltes Wasser in einer Schüssel sehr steif schlagen. 150 g Zucker und 1 Päckchen Vanillinzucker einrieseln lassen.
- Eigelb in einer Tasse verquirlen und unter die Eiweißmasse mischen. Mehl, Speisestärke und Backpulver mischen und zusammen mit den Mandeln unterheben. Teig über die Pfirsiche geben.
- Form auf die untere Schiene in den vorgeheizten Ofen stellen und 45 Minuten bei 180 Grad backen.
- Auflauf aus dem Ofen nehmen. Mit Puderzucker bestäuben und sofort servieren.

Tipp
Reichen Sie Vanille- oder Weinschaumcreme dazu.

Kirschauflauf

■ Eier trennen, Mehl mit Backpulver, Eigelb, Butter, Salz und Milch verquirlen; steif geschlagenes Eiweiß vorsichtig unterheben. Die Hälfte davon in eine gefettete feuerfeste Glas- oder Porzellanform füllen. Bei mittlerer Hitze 8–10 Minuten backen.

■ Kirschen entsteinen, 750 g mit 75 g Zucker mischen, auf dem leicht angebackenen Teig verteilen, restlichen Teig darüber gießen und mit Brötchenscheiben, die vorher in Milch getaucht werden, gleichmäßig belegen.

■ Mit 50 g Zucker und Zimtpulver bestreuen und in ca. 40 Minuten bei 200 Grad goldgelb backen.

■ Restliche Kirschen mit Kirschwasser und restlichem Zucker pürieren. Zum Auflauf reichen.

EW	Fett	KH	kcal/kJ
25 g	22 g	141 g	896/3758

Zubereitungszeit: 45 Min.

Zutaten:
5 Eier
250 g Mehl
1/2 TL Backpulver
40 g Butter
1 Prise Salz
1/2 l Milch
Fett für die Form
1 kg Kirschen
140 g Zucker
6–8 Brötchenscheiben
Milch zum Eintauchen
1/2 TL Zimtpulver
20 ml Kirschwasser

Quark-Aprikosen-Auflauf

Zutaten:
50 g Butter
100 g Zucker
3 Eier, getrennt
1 Päckchen Vanillinzucker
Saft und abgeriebene Schale von 1 Zitrone (unbehandelt)
75 g Speisestärke
500 g Speisequark (Magerstufe)
Fett für die Form
1 Dose Aprikosen (460 g) oder 500 g frische Aprikosen
40 g gehäutete Mandeln, gehackt
1–2 EL Butter

Zubereitungszeit: 30 Min.

EW	Fett	KH	kcal/kJ
25 g	24 g	77 g	625/2650

■ Eier trennen. Weiche Butter mit Zucker, Eigelb, Vanillinzucker, Zitronensaft und -schale, Speisestärke und Quark mit einem Handrührgerät gut verrühren. Zuletzt Eiweiß steif schlagen und unterziehen.

■ Die Hälfte der Masse in eine gut gefettete Auflaufform füllen, mit abgetropften Aprikosen aus der Dose belegen.

■ Bei Verwendung von frischen Aprikosen diese mit kochendem Wasser überbrühen, häuten. Anschließend in zwei Hälften schneiden und Kerne entfernen. Auf die Masse in der Form legen.

■ Mit restlicher Quarkmasse abschließen.

■ Mandeln darüber streuen und mit Butterflöckchen belegen.

■ Auflauf im vorgeheizten Ofen bei 200 Grad in ca. 50 Minuten goldgelb backen.

Früchte-Eierkuchen

Zutaten:
150 g Mehl
1/4 l Milch
3 Eier
1 Prise Salz

■ Mehl in eine Schüssel sieben. Milch, Eier und Salz dazugeben, zu einem dünnen Eierkuchenteig verrühren. Teig 30 Minuten ruhen lassen.

■ Butter portionsweise in einer Pfanne erhitzen, nacheinander 8 dünne Eierkuchen backen.

■ Erdbeeren putzen, waschen, abtropfen. Große Früchte hal-

Früchte-Eierkuchen (Fortsetzung)

bieren. Kiwis schälen und klein würfeln. Erdbeeren und Kiwis gleichmäßig auf die Eierkuchen verteilen, Eierkuchen zu Tüten zusammenrollen.

- Marzipanrohmasse mit Likör verrühren.
- Sahne steif schlagen. Unter die Marzipanmasse mischen, auf die Früchte-Eierkuchen geben.
- Mit Schokostreuseln bestreut sofort servieren.

Zubereitungszeit: 35 Min.

EW	Fett	KH	kcal/kJ
15 g	35 g	53 g	604/2526

50 g Butter
250 g Erdbeeren
2 Kiwis
50 g Marzipanrohmasse
2 EL Amaretto (Mandellikör)
200 g Sahne
Schokostreusel

Beschwipster Pflaumen-Biskuit-Auflauf

- Biskuits in eine gefettete Auflaufform legen, mit 20 ml Pflaumenaperitif beträufeln.
- Pflaumen waschen, halbieren, entkernen und mit Zucker, Weißwein und 60 ml Pflaumenaperitif ca. 10 Minuten dünsten. Auf einem Sieb abtropfen lassen und auf die Löffelbiskuits verteilen.
- Eier trennen. Eigelb mit Mehl verrühren. Eiweiß steif schlagen und unter die Eigelbmasse heben.
- Diese auf die Pflaumenmasse streichen und Auflauf im vorgeheizten Backofen bei 175 Grad ca. 40 Minuten überbacken.
- Vor dem Servieren mit Zimt und Zucker bestreuen.

Zutaten:
1 Packung Löffelbiskuits (125 g)
20 g Fett
80 ml Pflaumenaperitif
500 g reife Pflaumen
2 EL Zucker
60 ml Weißwein
2 Eier
2 EL Mehl
je 1 TL Zimt und Zucker

Zubereitungszeit: 45 Min.

EW	Fett	KH	kcal/kJ
7 g	5 g	61 g	368/1545

Hefeklöße mit buntem Obst

Zutaten:
500 g Mehl
1 Würfel frische Hefe
1/4 l Milch
Salz
6 EL Zucker
150 g Butter oder Margarine
150 g Kirschen
3 Birnen
3 Pfirsiche
1 EL Pflaumenmus (Glas)
2 Prisen Nelkenpulver
100 ml Weißwein
5 EL Paniermehl
3 EL Zimtzucker

■ Mehl in eine Schüssel sieben, in die Mitte eine Vertiefung drücken, Hefe hineinbröckeln.

■ Milch lauwarm erwärmen, etwas über die Hefe gießen und zu einem Vorteig verrühren. Etwas Mehl darüber stäuben und zugedeckt ca. 15 Minuten an einem warmen Ort gehen lassen.

■ 1 Prise Salz und 4 EL Zucker an den Rand streuen. In der restlichen lauwarmen Milch 50 g Butter oder Margarine schmelzen, zum Vorteig gießen und zu einem Teig verkneten. Teig zugedeckt an einem warmen Ort ca. 30 Minuten gehen lassen.

■ In der Zwischenzeit Kirschen, Birnen und Pfirsiche waschen, halbieren und entkernen. Die Hälfte der halbierten Pfirsiche und Birnen würfeln und mit der Hälfte der Kirschen, Pflaumenmus, 1 EL Zucker und 1 Prise Nelkenpulver vermischen.

■ Die restlichen Pfirsiche und Birnen in dünne Scheiben schneiden und zusammen mit den restlichen Kirschen, 1 EL Zucker und 1 Prise Nelkenpulver in Weißwein ca. 2 Minuten dünsten.

■ Hefeteig nicht zu dünn ausrollen und in ca. 10 cm große Quadrate schneiden. Das Obst-

Hefeklöße mit buntem Obst (Fortsetzung)

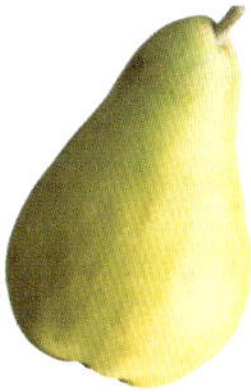

Pflaumenmus-Gemisch gleichmäßig auf den Quadraten verteilen.

- Jeweils die Teigecken bis zur Mitte einschlagen und zu einem Kloß formen. Klöße zugedeckt 20–30 Minuten gehen lassen.
- In reichlich kochendes Salzwasser geben, Temperatur herunterschalten und Klöße 7–10 Minuten ziehen lassen (nicht mehr kochen).
- Restliche Butter oder Margarine zerlassen, Paniermehl darin hellbraun rösten, mit Zimtzucker vermischen, auf die abgetropften Klöße streuen und zusammen mit dem in Wein gedünsteten Obst heiß servieren.

Zubereitungszeit: 60 Min.

EW	Fett	KH	kcal/kJ
20 g	34 g	160 g	1054/4427

Pfannkuchen mit Erdbeeren

- Hälfte der Milch mit Eiern verquirlen, 1 Prise Salz und gesiebtes Mehl hinzugeben, klumpenfrei verrühren. Weizenkeime unterrühren.
- Eine beschichtete Pfanne mit Öl ausstreichen, erhitzen und nacheinander 4 Pfannkuchen ausbacken. Je einen Pfannkuchen auf einen Teller geben.
- Erdbeeren waschen, putzen und in dünne Scheiben schneiden, auf den Pfannkuchen anrichten, mit Puderzucker bestäuben.
- Restliche Milch nach Packungsanweisung mit Saucenpulver verrühren, zu den Pfannkuchen servieren.

Zutaten:
600 ml Milch
4 Eier
Salz
175 g Mehl
8 EL Weizenkeime
4 EL Öl
400 g Erdbeeren
Puderzucker
1/2 Päckchen Vanillesauce (Instant)

Zubereitungszeit: 30 Min.

EW	Fett	KH	kcal/kJ
21 g	10 g	58 g	411/1726

Heidelbeer-Pfannkuchen mit Ahornsirup

Zutaten:
180 g Mehl
1 TL Backpulver
50 g Walnüsse, fein gehackt
1/2 TL Salz
2 Eier
200 ml Milch
120 g Butter
2 TL Zucker
200 g Heidelbeeren
4 EL Ahornsirup
Puderzucker zum Bestäuben

Zubereitungszeit: 50 Min.

EW	Fett	KH	kcal/kJ
12 g	35 g	60 g	608/2554

- Mehl mit Backpulver, Walnüssen und Salz in einer Schüssel vermischen.
- In einer zweiten Schüssel die Eier mit Milch verquirlen, 20 g Butter und Zucker unterrühren.
- Die Mehlmischung in Eier-Milch-Mischung geben und zu einem glatten Teig verrühren. 30 Minuten quellen lassen.
- Restliche Butter portionsweise in einer beschichteten Pfanne erhitzen.
- Jeweils 4 Teigportionen hineingeben, Heidelbeeren darauf verteilen und in den Teig drücken. Von beiden Seiten knusprig und goldbraun backen.
- Insgesamt ca. 16 kleine Pfannkuchen backen und zwischenzeitlich im vorgeheizten Backofen warm halten.
- Fertige Pfannkuchen mit Ahornsirup beträufeln, mit Puderzucker bestäuben.

Eierkuchen mit Kirschen

Zutaten:
4 Eier
4 EL Mehl
2 EL Zucker
1/4 l Milch
Salz
4 EL Butter

- Eier trennen. Eigelb schaumig rühren, vorsichtig Mehl und Zucker darunter geben. Milch und 1/4 l Wasser dazurühren, salzen. Eiweiß mit 1 Prise Salz steif schlagen, unterheben.
- 1 EL Butter in der Pfanne erhitzen, 1/4 des Teiges hineingeben, stocken lassen. 1/4 der Kirschen darauf verteilen, mit 50 g Zwieback bestreuen. Unterseite goldgelb backen. Eierkuchen vorsichtig mit Hilfe

Eierkuchen mit Kirschen (Fortsetzung)

Tipp
Mit Zimt-Zucker-Gemisch bestreuen, mit Apfelmus servieren.

EW	Fett	KH	kcal/kJ
17 g	22 g	56 g	517/2163

eines Deckels wenden, fertig backen. Auf einen Teller gleiten lassen. Mit Zucker bestreuen. Weitere 3 Eierkuchen backen.

- Sofort servieren.

500 g Kirschen, gewaschen, entsteint
200 g Zwieback, gestoßen
Zucker zum Bestreuen

Zubereitungszeit: 25 Min.

Schneller Kirsch-Quark-Auflauf

- Backofen auf 200 Gard vorheizen.
- Frische Kirschen waschen und entsteinen. (Kirschen aus dem Glas abtropfen lassen).
- Eine Auflaufform mit Butter einfetten, Kirschen darin verteilen.
- Kaiserschmarren-Zubereitung mit Backpulver mischen, in 150 ml Wasser einrühren. Quark unterrühren und Masse über die Kirschen verteilen. Im Backofen ca. 40 Minuten backen.
- Mit Puderzucker garniert servieren.

Zutaten:
300 g frische Kirschen oder 1 Glas Kirschen (370 g)
1 TL Butter
1 Päckchen Kaiserschmarren (Fertigprodukt)
2 TL Backpulver
250 g Speisequark (Magerstufe)
2 TL Puderzucker

Zubereitungszeit: 25 Min.

EW	Fett	KH	kcal/kJ
15 g	5 g	52 g	325/1365

Mandel-Pfirsich-Pizza

Zutaten:
50 g Baiser
50 g Mandeln, gehackt
1 EL Haferflocken
1 EL Butter, geschmolzen
1 Eigelb
250 g Pfirsiche
1 EL Zitronensaft
Fett und Mehl für das Blech, 450 g Pizzateig (Fertigprodukt)
100 g Ricotta
80 g Mascarpone
20 g Sahne
1 EL Puderzucker
1/2 Bd. Minze

Zubereitungszeit: 40 Min.

EW	Fett	KH	kcal/kJ
21 g	34 g	73 g	680/2856

■ Für die Mandelkruste Baiser zerkrümeln und mit Mandeln, Haferflocken, Butter und Eigelb mischen.
■ Pfirsiche mit heißem Wasser überbrühen, häuten, von den Steinen lösen, in Spalten schneiden und mit dem Zitronensaft beträufeln.
■ Ofen auf 230 Grad vorheizen.
■ Backblech fetten und mit Mehl bestäuben.
■ Pizzateig ausrollen und auf das Blech legen.
■ Mit Pfirsichschnitzen belegen, Ricotta zerkrümeln und auf dem Teig verteilen, anschließend die Mandelmasse darauf geben.
■ Im vorgeheizten Ofen 10–15 Minuten goldbraun backen.
■ Mascarpone mit Sahne cremig rühren und mit Puderzucker abschmecken.
■ Die schönsten Minzeblätter zum Garnieren beiseite legen, Rest hacken.
■ Heiße Mandelpizza in Stücke schneiden und auf Tellern anrichten.
■ Mit Mascarponecreme garnieren, mit Minze bestreuen und dekorieren.

Erdbeerpfannkuchen mit Nougat

Zutaten:
5 Eier, 150 ml Milch
200 g Mehl
40 g weiche Butter
50 g Zucker, 1 Prise Salz
300 g Erdbeeren
Butter zum Braten
200 g Sahne
3 EL Nuss-Nougat-Creme (z. B. Nutella)

Zubereitungszeit: 30 Min.

■ Eier, Milch, Mehl, Butter, Zucker und Salz zu einem glatten Teig verrühren.
■ Erdbeeren waschen, putzen, vierteln und mit dem Teig vermengen. Butter in einer Pfanne erhitzen und nacheinander 4 Pfannkuchen backen.
■ Sahne steif schlagen. Nuss-Nougat-Creme erwärmen und über die Sahne geben.
■ Pfannkuchen nach Wunsch mit Erdbeeren garnieren und mit Nougatsahne servieren.

EW	Fett	KH	kcal/kJ
17 g	42 g	61 g	696/2905

Reisauflauf mit Obst

- Reis nach Packungsanweisung in der Milch kochen, Salz zufügen. Reis etwas auskühlen lassen. Eier trennen.
- 100 g Zucker und Eigelb zum Reis geben und unterrühren. Eiweiß steif schlagen und unterheben.
- Mango schälen und Fruchtfleisch vom Kern lösen, Kiwis schälen und mit der Mango würfeln. Erdbeeren waschen, putzen und halbieren. Alles mit dem Reis vermischen.
- Masse in eine gefettete Auflaufform füllen. Mit Mandelblättchen und restlichem Zucker bestreuen, mit Butter- oder Margarineflöckchen belegen.
- Auflauf im vorgeheizten Backofen bei 200 Grad ca. 30 Minuten backen.

Zubereitungszeit: 40 Min.

EW	Fett	KH	kcal/kJ
16 g	32 g	83 g	698/2933

Zutaten:
125 g Milchreis
3/4 l Milch
1 Prise Salz
3 Eier
160 g Zucker
je 200 g Mango, Kiwi und Erdbeeren
Fett für die Form
60 g Mandelblättchen
60 g Butter oder Margarine

Semmelschmarren mit Beeren

Zutaten:
8 Semmeln (Brötchen)
1/2 l Milch
4 Eier
1 Prise Salz
100 g Himbeeren
100 g rote Johannisbeeren
100 g schwarze Johannisbeeren
50 ml Öl
4 EL Zucker
1 Msp. Zimt

■ Semmeln in feine Scheiben schneiden. Milch mit Eiern und Salz verquirlen; über die Brötchenscheiben gießen.

■ Beeren waschen und putzen. Unter die Brötchenmasse heben und ca. 30 Minuten ziehen lassen.

■ Öl in einer beschichteten Pfanne erhitzen.

■ Brötchenmasse mit Hilfe eines Löffels abstechen, in das heiße Fett gleiten lassen und goldgelb backen. Zucker und Zimt vermischen und über den Schmarren streuen.

■ Sofort servieren.

Zubereitungszeit: 45 Min.

EW	Fett	KH	kcal/kJ
20 g	17 g	25 g	220/921

Apfelschmarren mit Kirschen

Zutaten:
8 Eier
1/2 TL Zimt
120 g Zucker
2 Äpfel
4 EL Haselnüsse, gehackt
4 EL Rosinen
4 EL Butter
1 Glas Schattenmorellen (720 ml)
1/2 Päckchen Vanille-Puddingpulver
40 ml Kirschwasser
2 EL Puderzucker

Zubereitungszeit: 35 Min.

EW	Fett	KH	kcal/kJ
18 g	32 g	80 g	726/3041

■ Eier trennen. Eiweiß steif schlagen. Eigelb mit Zimt und 4 EL Zucker schaumig rühren.

■ Äpfel schälen, vierteln, Kerngehäuse entfernen und Äpfel würfeln. Mit Haselnüssen, Rosinen und Eischnee vorsichtig unter die Eigelbmasse heben.

■ 2 EL Butter in einer Pfanne erhitzen, die Hälfte der Eimasse hineingeben und anbacken. Mit einem Pfannenwender in Stückchen teilen, unter häufigem Wenden goldbraun backen und warm stellen.

■ Mit der restlichen Masse genauso verfahren. Schattenmorellen mit restlichem Zucker zum Kochen bringen.

■ Puddingpulver mit wenig Wasser glatt rühren, unter die Kirschen rühren und kurz aufkochen lassen. Mit Kirschwasser verfeinern und zusammen mit dem Schmarren auf Tellern anrichten. Mit Puderzucker bestreut servieren.

Rüdesheimer Apfelauflauf

- Sultaninen zum Quellen in kaltes Wasser legen.
- Milch aufkochen, Salz, Butter, 60 g Zucker, Vanillinzucker und Grieß unter stetem Rühren hinzufügen. Bei kleiner Hitze etwa 10 Minuten ausquellen und danach abkühlen lassen.
- Äpfel schälen und in feine Scheiben schneiden. Weißwein, Zitronensaft und 60 g Zucker darüber geben.
- Sultaninen abgießen und zu den Äpfeln geben.
- Aus Eiweiß Eischnee schlagen. Zusammen mit Sahne und Eigelb unter den Grießbrei rühren. Mit den vorbereiteten Äpfeln vermischt in eine gebutterte, feuerfeste Form füllen.
- Bei 180 Grad etwa 40 Minuten im Ofen backen. Zum Schluss mit Zimtzucker bestreuen und mit heißer Vanillesauce servieren.

Zubereitungszeit: 40 Min.

EW	Fett	KH	kcal/kJ
22 g	32 g	112 g	868/3649

Zutaten:
50 g Sultaninen
1 1/4 l Milch
1 Prise Salz
50 g Butter
120 g Zucker
1 Päckchen Vanillinzucker, 125 g Grieß
1 kg Äpfel
200 ml Weißwein
Saft von 1 Zitrone
4 Eier, getrennt
40 g Sahne
Butter für die Form
3 EL Zimtzucker
1 Päckchen Vanillesauce (Fertigprodukt)

Gefüllte Blaubeercrêpes

Zutaten:
Für das Kompott:
30 g Zucker
200 ml schwarzer Johannisbeersaft
375 g Blaubeeren
Für die Crêpes:
250 ml Milch
100 g Mehl
25 g zerlassene Butter
6 Eier, Butter zum Braten
Für die Füllung:
2 Eigelb, 65 g Butter
2 cl Rum, einige Tropfen Vanillearoma, 50 g Zucker
abgeriebene Schale von 1 Orange und 1 Zitrone (unbehandelt)
500 g Quark

■ Für das Kompott Zucker karamellisieren lassen, mit Johannisbeersaft ablöschen und etwas reduzieren lassen. 250 g Blaubeeren verlesen, waschen, zufügen und erkalten lassen.

■ Für die Crêpes alle Zutaten verrühren und nacheinander in erhitzter Butter 4 dünne Crêpes abbacken.

■ Für die Füllung, Eigelb, Butter, Rum, Vanillearoma, Zucker und Orangen- und Zitronenschale verrühren. Quark in einem Tuch ausdrücken und unterziehen.

■ Ofen auf 160 Grad vorheizen. Restliche Blaubeeren unter die Quarkmasse heben. Crêpes mit der Beerencreme füllen und aufrollen. Im Ofen ca. 20 Minuten stocken lassen, herausnehmen und erkalten lassen.

■ Crêpes in ca. 2 cm dicke Scheiben schneiden und mit Kompott auf Tellern anrichten.

Tipp
Nach Wunsch Kompott mit etwas Sahne verzieren, mit Erdbeerscheiben und Minze garnieren und mit Puderzucker bestäuben.

Zubereitungszeit: 40 Min.

EW	Fett	KH	kcal/kJ
31 g	49 g	57 g	815/3407

Quarknocken mit Erdbeerfrikassee

Zutaten:
Für die Nocken:
60 g altbackenes Weißbrot
250 g Schichtkäse
120 g Butter
50 g Puderzucker
1 Eigelb, 1 Ei
125 g Grieß
25 g Pistazien, grob gehackt, 1 Prise Salz
abgeriebene Schale von 1/2 Zitrone (unbehandelt), 1/2 l Milch
50 g Zucker
1 Vanilleschote
Für die Sauce:
60 g Butter, 60 g Zucker
200 ml Orangensaft (frisch gepreßt oder aus der Flasche)
250 g Erdbeeren
4 Orangen, 30 g Sahne
Zitronenmelisse

■ Weißbrot fein würfeln. Schichtkäse durch ein Sieb streichen. Butter mit Puderzucker schaumig rühren, nach und nach Eigelb und ganzes Ei zugeben. Schichtkäse, Grieß, Pistazien und Brotwürfel unterrühren und mit Salz und abgeriebener Zitronenschale würzen. Teig 30 Minuten kalt stellen.

■ Milch mit Zucker und Vanilleschote zum Sieden bringen, mit einem Teelöffel Nocken von der Quarkmasse abstechen und in der Milch 6–8 Minuten gar ziehen lassen, herausnehmen und abtropfen.

■ Für die Sauce 20 g Butter in einem Topf schmelzen, Zucker hineingeben und darin karamelisieren. Mit Orangensaft ablöschen und Flüssigkeit etwas einkochen lassen.

■ Erdbeeren waschen, putzen und halbieren. Orangen im Ganzen schälen und die Filets herausschneiden.

■ Obst auf 4 Tellern arrangieren, die Nocken darauf geben und alles mit Sauce übergießen. Mit Zitronenmelisse garnieren.

Zubereitungszeit: 40 Min.

EW	Fett	KH	kcal/kJ
18 g	61 g	85 g	970/4051

Fruchtige Desserts

Fruchtige Desserts (warm)

Feine Crêpe-Früchtebecher *(Abb. S. 27)*

Zutaten:
Für den Teig:
250 ml Milch
100 g Mehl
25 g Butter, zerlassen
2 cl Cointreau
6 Eier
Butter zum Braten
Für die Füllung:
je 100 g Johannisbeeren, Erdbeeren, Blaubeeren
2 Kiwis
Für die Garnitur:
100 g Zucker
Minze
4 EL Blaubeerkompott

Zubereitungszeit: 40 Min.

■ Für den Teig alle Zutaten glatt verrühren und in erhitzter Butter nacheinander 4 dünne Crêpes ausbacken.

■ Je 1 Crêpe über einen Becher stülpen und mit einem Faden zusammenbinden. Becher entfernen und Crêpes auf einen Teller setzen.

EW	Fett	KH	kcal/kJ
15 g	17 g	58 g	458/1925

■ Für die Füllung Beeren verlesen, waschen, Erdbeeren putzen, halbieren und Crêpebecher damit füllen. Kiwis schälen, pürieren und als Sauce um die Crêpes verteilen

■ Für die Garnitur Zucker in einer Pfanne karamellisieren lassen und mit einem Löffel auf ein mit Backpapier ausgelegtes Blech hin und her ziehen, erkalten lassen und Stücke zur Dekoration abbrechen.

■ Crêpebecher mit Karamell und Minze garniert servieren. Mit Blaubeerkompott und Minze dekorieren.

Apfelkücherl

Zutaten:
200 g Mehl
1 Prise Salz
2 Eigelb
4 EL Milch
2 TL Öl
1/8 l Bier
2 Eiweiß
6 große Äpfel (säuerlich)
100 g Zucker
etwas Zitrone
2 EL Rum
Schmalz zum Ausbacken

■ Gesiebtes Mehl, Salz, Eigelb, Milch, Öl und Bier verrühren, zuletzt steifen Eischnee unterziehen.

■ Äpfel schälen, Kernhaus ausstechen und 1–2 cm dicke Apfelringe schneiden, mit Zucker bestreuen und mit Zitronen-Rum-Gemisch beträufeln. Durch den Ausbackteig ziehen und schwimmend im heißen Fett goldbraun backen, kurz abtropfen lassen und noch heiß mit Zucker bestreut anrichten.

Zubereitungszeit: 20 Min.

EW	Fett	KH	kcal/kJ
1 g	3 g	9 g	64/267

Schokoladenfondue

- Früchte putzen, in mundgerechte Würfel schneiden und in Schälchen anrichten.
- Sandkuchen würfeln, mit Löffelbiskuits und Makronen dekorativ anrichten.
- Sahne im Fonduetopf erwärmen. Schokolade hineinbröckeln und schmelzen lassen; immer rühren, damit die Fonduemasse nicht ansetzt; nicht kochen lassen. Fonduetopf auf ein Rechaud mit regulierbarer Flamme oder auf ein Stövchen stellen.
- Cognac oder Weinbrand einrühren.
- Früchte und Gebäck auf Fonduegabeln spießen und durch die Schokolade ziehen.

EW	Fett	KH	kcal/kJ
11 g	46 g	91 g	845/3550

Zubereitungszeit: 25 Min.

Zutaten:
500 g frische gemischte Früchte
120 g Sandkuchen
10 Löffelbiskuits
100 g Mandelmakronen
200 g Sahne
100 g Vollmilchschokolade
100 g Zartbitterschokolade
2 EL Cognac oder Weinbrand

Savarin mit Kirschragout und Zimtsahne (für 6 Personen)

Zutaten:
10 g Hefe
50 ml lauwarme Milch
150 g Mehl
2 Eier
230 g Zucker
abgeriebene Schale von 1/4 Zitrone (unbehandelt)
60 g flüssige Butter
1 Prise Salz
Butter für die Formen
Saft von 1 1/2 Zitronen
abgeriebene Schale von 1 Orange (unbehandelt)
je 120 ml Weißwein und Rum
150 g Aprikosenmarmelade
125 g Sahne
1 gestr. TL Zimtpulver
300 g Sauerkirschen
250 ml Rotwein
200 ml Portwein
10 g Speisestärke

Zubereitungszeit: 50 Min.

EW	Fett	KH	kcal/kJ
7 g	21 g	85 g	702/2941

- Hefe in Milch auflösen, unter das gesiebte Mehl rühren, mit einem feuchten Tuch zudecken und gehen lassen.
- Eier, 10 g Zucker und Schale von 1/4 Zitrone schaumig schlagen und mit der flüssigen Butter und Salz unter den Vorteig arbeiten.
- Teig in gebutterte Förmchen füllen. Zugedeckt gehen lassen, bis sich das Teigvolumen verdoppelt hat.
- Auf der mittleren Schiene bei 220 Grad im Ofen 12–18 Minuten backen.
- 1/2 l Wasser mit 125 g Zucker, Schale und Saft von 1/2 Zitrone und 1 Orange aufkochen. Weißwein und Rum dazugeben.
- Savarins noch heiß in die Tränkflüssigkeit tauchen, dann mit Marmelade bestreichen.
- Sahne mit Zimt und 60 g Zucker steif schlagen. Kirschen mit Rotwein, Portwein und 2 EL Zucker aufkochen. Speisestärke im Saft von 1 Orange und 1 Zitrone auflösen und Kirschen damit binden.

Gefüllte Crêpes auf Himbeerschaum

Zutaten:
120 g Mehl
1 Ei, 200 ml Milch
1 EL geschmolzene Butter
80 g Butterschmalz
250 g Sahnequark
150 g Doppelrahm-frischkäse
80 g Puderzucker
Saft und abgeriebene Schale von 1/2 Zitrone (unbehandelt)
400 g Himbeeren
1 Schnapsglas Himbeergeist

Zubereitungszeit: 30 Min.

EW	Fett	KH	kcal/kJ
19 g	44 g	57 g	714/2993

■ Mehl in eine Schüssel sieben, mit geschlagenem Ei, Milch und 100 ml Wasser verrühren, flüssige Butter hinzufügen.
■ In hei-ßem Butterschmalz 10–12 kleine, dünne Crêpes backen, aufeinander geschichtet warm stellen.
■ Quark, Frischkäse, 60 g Puderzucker, Zitronensaft und -schale glatt rühren.
■ Himbeeren mit restlichem Puderzucker bestreuen, ziehen lassen. Kurz erhitzen und passieren. Schaumig aufschlagen, mit Himbeergeist aromatisieren.
■ Pfannkuchen mit der Quarkcreme bestreichen, je 2 Seiten einklappen und Pfannkuchen aufrollen.
■ Crêpes auf Himbeerschaum anrichten, mit Puderzucker bestäuben, servieren.

Kaffeecreme mit Brombeeren

Zutaten:
250 g Brombeeren
2 EL brauner Zucker
3 Eigelb, 1 Ei
120 g Zucker
8 cl Kaffeelikör (oder Espresso)

Zubereitungszeit: 30 Min.

EW	Fett	KH	kcal/kJ
5 g	7 g	50 g	330/1370

■ Brombeeren verlesen, waschen und trockentupfen. Mit braunem Zucker mischen, in einem Topf bei kleiner Hitze leicht andünsten. Abkühlen lassen und auf 4 Teller verteilen.
■ Eigelb, Ei und Zucker in einer Schüssel cremig rühren, nicht schaumig schlagen.
■ Schüssel in ein heißes Wasserbad setzen und Likör angießen. Mit dem Schneebesen kräftig schlagen, bis die Creme schaumig wird und das doppelte Volumen erreicht hat.
■ Creme über die Brombeeren verteilen und das Dessert nach Belieben mit Minze garnieren.

Glasierte Schupfnudeln in Mandelsauce (für 8 Personen)

Zutaten:
700 g Schupfnudeln (Fertigprodukt)
100 g Zucker
100 g Mandeln, gehackt
500 g Sahne oder Milch
1 Vanilleschote
300 g Himbeeren
80 g Puderzucker
8 Kugeln Vanilleeis
50 g Mandelstifte, geröstet

Zubereitungszeit: 35 Min.

EW	Fett	KH	kcal/kJ
10 g	31 g	44 g	498/2092

- Die Schupfnudeln nach Packungsanweisung zubereiten.
- Für die Mandelsauce Zucker leicht karamellisieren, Mandeln zufügen und hellbraun rösten. Mit Sahne oder Milch ablöschen.
- Vanilleschote aufschlitzen, Mark herauskratzen und beides zur Sauce geben.
- Mandelsauce auf ca. 2/3 reduzieren, dann Vanilleschote entfernen.
- Sauce im Mixer fein aufmixen und durch ein Haarsieb passieren. Sauce zurück in den Topf geben.
- Schupfnudeln in der Mandelsauce erwärmen und noch so lange kochen, bis sie leicht karamellisiert sind.
- Für das Himbeermark Beeren mit Puderzucker mixen und passieren.
- Schupfnudeln mit Vanilleeis und Mandelsauce auf einem Teller anrichen, mit Himbeermark verzieren und mit gerösteten Mandelstiften bestreuen.
- Sofort servieren.

Birnen im Teigmantel mit Heidelbeerpüree und Vanillesauce

- Von der Milch 4 EL abnehmen und mit Saucenpulver und Eigelb verrühren. Restliche Milch mit 25 g Zucker aufkochen. Angerührtes Saucenpulver in die Milch rühren und nochmals kurz aufkochen. Abkühlen lassen und Eierlikör unterrühren.
- Für den Teig Milch mit Ei und 20 g Butterschmalz verrühren. Mehl, geriebene Marzipanrohmasse, Vanillinzucker und Salz unterrühren. Ca. 20 Minuten quellen lassen.
- Birnen schälen, halbieren, Kerngehäuse entfernen. Birnenhälften mit Zitronensaft beträufeln. 50 g Heidelbeeren zum Verzieren beiseite stellen.
- Restliche Heidelbeeren mit Zitronensaft und 20 g Zucker pürieren. Püree durch ein Sieb streichen.
- Restliches Butterschmalz in einer Fritteuse auf 170 Grad erhitzen. Birnen in den Teig tauchen und nacheinander goldbraun ausbacken.
- Vanillesauce auf 4 Teller verteilen. Je 2 EL Heidelbeerpüree darauf geben und mit einem Holzstäbchen leicht durch die Vanillesauce ziehen. Gebackene Birnenhälften auf die marmorierte Sauce legen.
- Mit restlichen Heidelbeeren und den Blättchen verzieren.

Zutaten:
350 ml Milch
1/2 Päckchen Vanillesaucenpulver
1 Eigelb
45 g Zucker
3 cl Eierlikör
1 Ei
520 g lauwarmes, flüssiges Butterschmalz
75 g Mehl
50 g Marzipanrohmasse
1 Päckchen Vanillinzucker
Salz
2 Birnen
Saft von 1/2 Zitrone
300 g Heidelbeeren
einige Zweige Minze oder Zitronenmelisse

Zubereitungszeit: 40 Min.

EW	Fett	KH	kcal/kJ
9 g	16 g	44 g	364/1529

Gratinierte Aprikosen mit aromatischer Käsefüllung

Zutaten:
8 Aprikosen
3 EL Puderzucker
1 Gläschen Kirschwasser
150 g Weichkäse mit Blauschimmel (auch Weiß-Blau-Käse genannt)
30 g Sahne
einige Blättchen Melisse

Zubereitungszeit: 25 Min.

EW	Fett	KH	kcal/kJ
8 g	12 g	21 g	286/1201

- Backofen auf 200 Grad vorheizen.
- Aprikosen waschen und halbieren, Steine entfernen. Halbe Früchte mit der Schnittfläche nach oben auf ein Blech setzen, mit Puderzucker bestäuben und mit Kirschwasser benetzen.
- Aprikosen 15–20 Minuten bräunen, dann herausnehmen.
- In der Zwischenzeit Käse mit Sahne schaumig rühren, mit 2 EL Nocken abstechen und in die halbierten Aprikosen füllen.
- Mit Melisseblättchen dekoriert servieren.

Reisbrei mit Kirschen

Zutaten:
1/2 l Milch
1 Vanilleschote
abgeriebene Schale von 1 Zitrone (unbehandelt)
180 g Rundkornreis
400 g Sauerkirschen, entsteint
50 g Walnüsse, gehackt
Zimtpulver
Honig nach Geschmack

- Milch, Mark der Vanilleschote, Schote selbst und Zitronenschale mit Reis aufkochen, bei kleiner Hitze fertig garen. Vanilleschote entfernen.
- Kirschen und Walnüsse unterheben und nach Geschmack mit Zimt und Honig süßen.

Zubereitungszeit: 25 Min.

EW	Fett	KH	kcal/kJ
9 g	13 g	58 g	396/1671

Kirschsoufflé

■ Eiweiß mit 1 Prise Salz zu steifem Schnee schlagen.
■ Milch, Zucker und Speisestärke aufkochen und einige Minuten aufpuffen lassen (dabei aber ständig rühren).
■ Den Topf vom Herd ziehen, Butter, Kirschwasser und zuletzt Eigelb einrühren. Eischnee locker unterheben. Die Form buttern und mit Zucker ausklopfen. Die leichte Soufflémasse einfüllen.
■ In den vorgeheizten Backofen bei ca. 200 Grad schieben. Die Backzeit beträgt ca. 30 Minuten.
■ Sofort servieren.

EW	Fett	KH	kcal/kJ
5 g	17 g	24 g	275/1152

Zutaten:
2 Eier, getrennt
3 Eiweiß, Salz
1 kleine Tasse Milch
Zucker, 1 EL Speisestärke
1 EL Butter
50 ml Kirschwasser
Butter und Zucker für die Form

Zubereitungszeit: 40 Min.

Sommerliche Crêpes mit Beerenfrüchten

■ Eier, Mehl, Salz und Milch verquirlen. So viel Wasser nach und nach zugießen (ca. 250 ml), bis ein glatter, dünnflüssiger Teig entstanden ist. 30 Minuten zugedeckt quellen lassen.
■ Wenig Fett in einer Pfanne erhitzen. Etwas Teig einfüllen, die Pfanne so schwenken, dass der Pfannenboden dünn bedeckt ist. Crêpe auf beiden Seiten goldgelb backen. Alle Crêpes beidseitig goldgelb backen.

Zutaten:
4 Eier, 270 g Mehl
1/2 TL Salz
250 ml Milch
3 EL Butterschmalz
je 250 g Blaubeeren und Himbeeren
75 g Puderzucker
Minzeblättchen zum Verzieren

Zubereitungszeit: 30 Min.

EW	Fett	KH	kcal/kJ
18 g	10 g	90 g	560/2350

■ Crêpes aufeinander geschichtet im Ofen bei ca. 50 Grad warm halten.
■ Kurz vor dem Servieren Crêpes einzeln mit Beeren belegen, jeweils zu einer Tüte falten, mit Puderzucker bestäuben und mit Minze garnieren.

Käse-Birnen-Soufflé auf Brombeersauce

Zutaten:
3 große, vollreife Williamsbirnen
Saft und Schale von 1 Zitrone (unbehandelt)
30 ml Aprikosenlikör
3 1/2 EL Zucker
1/4 l Weißwein (z. B. Muskateller Spätlese)
1 Ei, getrennt
40 g Quark
40 g Tilsiter, fein gerieben
1 Eiweiß
Butter für die Form
250 g Brombeeren
40 g Puderzucker
30 ml schwarzer Johannisbeerlikör

Zubereitungszeit: 40 Min.

EW	Fett	KH	kcal/kJ
9 g	7 g	47 g	365/1527

■ 1 Birne schälen, entkernen und das Fruchtfleisch würfeln. Mit Saft von 1/2 Zitrone, einigen feinen Streifen Schale, Aprikosenlikör und 1/2 EL Zucker bei kleiner Hitze dünsten, bis das Birnenmus weich und die Flüssigkeit verdampft ist.

Käse-Birnen-Soufflé auf Brombeersauce (Fortsetzung)

■ Restliche Birnen schälen und halbieren. Mit dem Kugelausstecher das Kernhaus ausstechen. Birnen mit restlichem Zitronensaft übergießen und im Wein bissfest dünsten.
■ Eigelb und 1 EL Zucker mit dem Schneebesen schaumig rühren. Quark, Tilsiter und Birnenmus hinzufügen.
■ 2 Eiweiß steif schlagen, dabei 2 EL Zucker langsam einrieseln lassen. Behutsam unter die Käse-Frucht-Creme heben.
■ Birnen in eine flache, gefettete Gratinform setzen, mit Käse-Frucht-Creme füllen und 20–30 Minuten im vorgeheizten Ofen bei 200 Grad goldgelb backen.
■ Brombeeren mit Puderzucker im Mixer pürieren. Durch ein feines Sieb streichen und mit schwarzem Johannisbeerlikör abschmecken. Käse-Birnen-Soufflé auf der Brombeersauce anrichten und sofort servieren.

Flambierte Crêpes

■ Tiefgekühlte Himbeeren auftauen lassen, frische waschen und trockentupfen. Mit Himbeergeist begießen, mit 2 EL Zucker bestreuen und durchziehen lassen.
■ Für den Crêpeteig 3 TL Butter bei milder Wärmezufuhr schmelzen lassen. Eier mit Mehl, flüssiger Butter, Milch, Salz und restlichem Zucker verrühren und Teig ca. 30 Minuten ruhen lassen.
■ Fett in einer Pfanne erhitzen. Teig mit einer Kelle in die Pfanne gießen, dabei die Pfanne drehen, damit der Boden gleichmäßig dünn bedeckt ist.
■ Nacheinander Crêpes ausbacken, mit Himbeeren füllen und zu einem Päckchen falten.
■ In einer Rechaudpfanne restliche Butter schmelzen lassen, Crêpes hineinlegen und mit Rum flambieren.

Zutaten:
300 g Himbeeren (frisch oder tiefgekühlt)
2 cl Himbeergeist
3 EL Zucker
4 TL Butter
2 Eier
100 g Mehl
1/8 l Milch
Salz
Fett zum Ausbacken
6 cl Rum (mindestens 54 %)

Zubereitungszeit: 30 Min.

EW	Fett	KH	kcal/kJ
4 g	7 g	21 g	228/958

Gefüllte Crêpes mit Ingwer-Kirschsauce

Zutaten:
100 ml Mineralwasser
375 ml Milch
4 Eier
100 g Mehl
85 g Zucker
1 Prise Salz
Butterschmalz
80 g Sahne
25 g Vanillepudding-pulver
2 Vanilleschoten, aufgeschnitten
2 Eigelb
50 ml Kirschsaft
Saft von 1 Orange
100 g Honig
1 Zimtstange
10 g Ingwer, fein geschnitten
400 g Schattenmorellen
4 Kugeln Vanilleeis

Zubereitungszeit: 35 Min.

EW	Fett	KH	kcal/kJ
17 g	36 g	88 g	775/3255

- Mineralwasser mit 125 ml Milch und Eiern verquirlen.
- Mehl, 20 g Zucker und Salz in eine Schüssel geben. Eiermilch kräftig unterrühren.
- Etwas Butterschmalz in einer Pfanne erhitzen, Crêpes darin backen, warm halten.
- Für die Creme 250 ml Milch und Sahne vermischen. 2 EL Flüssigkeit abnehmen und 15 g Puddingpulver darin anrühren. Sahnemilch mit restlichem Zucker und 1 Vanilleschote aufkochen. Eigelb unter das Puddingpulver rühren, kochende Milch damit binden.
- Vanillecreme durchkochen. Creme in eine Schüssel geben, mit Folie abdecken.
- Für die Kirschsauce Kirsch- und Orangensaft, Honig, 1 Vanilleschote und Gewürze aufkochen, 1 Stunde ziehen lassen. 2 EL Flüssigkeit abnehmen, 10 g Puddingpulver darin anrühren. Saftgemisch nochmals kurz aufkochen, mit Pudding binden.
- Sauce durch ein feines Sieb passieren, heiß über entsteinte Kirschen geben.
- Restliche geschlagene Sahne unter die Vanillecreme heben, warme Crêpes damit bestreichen, als Dreiecke falten.
- Auf Tellern mit Ingwer-Kirsch-Sauce und Vanilleeis anrichten.
- Sofort servieren.

Waldmeisterspeise mit Vanillecreme auf Erdbeerschaum

- Die Butter mit 1 EL Zucker schaumig schlagen. 2 Eigelb dazurühren.
- Kuvertüre im Wasserbad auflösen und mit abgezupftem Waldmeister unter die Buttermasse ziehen. Alles schaumig schlagen und Grieß einrühren.
- Eiweiß mit 1 EL Zucker steif schlagen, unter die Buttermasse heben. Kleine Förmchen einfetten, mit Zucker ausstreuen.
- Waldmeisterspeise einfüllen, im Wasserbad bei 180 Grad im Ofen in 20–30 Minuten stocken lassen; 10 Minuten abkühlen lassen, aus der Form nehmen.
- Für die Vanillecreme 1 EL Milch mit Puddingpulver verrühren. Vanilleschote aufschlitzen, ausschaben und beides in restlicher Milch mit 1 EL Zucker zum Kochen bringen. Vanilleschote herausnehmen.
- Eigelb mit 1 EL Zucker schaumig schlagen, mit etwas warmer Milch verrühren, mit angerührtem Puddingpulver in die Milch geben, zum Kochen bringen. Creme abkühlen lassen und in einen Spritzbeutel füllen.
- Hälfte der Erdbeeren im Mixer mit 1 EL Zucker pürieren und durch ein Sieb streichen.
- 4 Teller mit Sauce ausgießen. Sahne hineintropfen lassen, Tropfen mit einem Holzspieß ausziehen. Restliche Erdbeeren vierteln und dazugeben.
- Waldmeisterspeise hineinsetzen, Vanillecreme dazuspritzen.

Zutaten:
100 g weiche Butter
5 EL Zucker
2 Eier, getrennt
100 g weiße Kuvertüre
1 Bd. Waldmeister
2 EL Grieß
Butter und Zucker für die Form, 1/4 l Milch
1 EL Vanillepuddingpulver, 1/2 Vanilleschote
1 Eigelb
250 g Erdbeeren, gewaschen, geputzt
1 EL Sahne

Zubereitungszeit: 60 Min.

EW	Fett	KH	kcal/kJ
8 g	42 g	32 g	529/2214

Käsespießchen mit Früchten auf Himbeermark

Zutaten:
1/4 l trockener Riesling
1 Ei, getrennt
1 Prise Salz
175 g Mehl
4 Aprikosen
250 g Erdbeeren
2 reife Birnen
250 g Himbeeren
250 g Butterkäse
Butterschmalz zum Ausbacken
100 g Puderzucker
2 EL Crème double
1 EL feine Streifen von 1 Zitrone (unbehandelt)

Zubereitungszeit: 50 Min.

EW	Fett	KH	kcal/kJ
21 g	34 g	81 g	780/3268

- Aus Weißwein, Eigelb, Salz und Mehl einen zähflüssigen Teig rühren. Ca. 1 Stunde ruhen lassen, dann steif geschlagenes Eiweiß unterheben.
- Obst waschen und putzen. Aprikosen und Birnen von Kernen befreien, in Spalten teilen.
- Käse in mundgerechte Würfel schneiden. Durch den Ausbackteig ziehen und in heißem Butterschmalz goldfarbig und kross ausbacken. Noch heiß mit den Aprikosenspalten, Erdbeeren und Birnenspalten auf Holzspießchen stecken.
- Himbeeren mit Puderzucker pürieren und durch ein feines Haarsieb passieren.
- Mark auf flache Teller gießen. Von der Crème double jeweils Tropfen auf das Himbeermark träufeln und mit einem Holzspießchen zur länglichen Tropfenform verziehen.
- Spießchen mit Zitronenstreifen bestreuen.

Erdbeeren mit Pfeffercreme

Zutaten:
300 g Erdbeeren
150 g Zucker
4 Eigelb
1 TL schwarzer Pfeffer, gemahlen
20 ml Cognac
250 g Schlagsahne
Mandelsplitter

- Erdbeeren putzen und halbieren, mit 3 EL Zucker bestreuen und 30 Minuten durchziehen lassen. In Portionsgläser füllen und gut durchkühlen lassen.

EW	Fett	KH	kcal/kJ
6 g	28 g	46 g	479/2006

- Eigelb mit Zucker, Pfeffer und Cognac schaumig rühren, steife Schlagsahne unterziehen und Pfeffercreme über die Erdbeeren gießen.
- Mit Mandelsplittern bestreut servieren.

Zubereitungszeit: 20 Min.

Grießnockerl mit Erdbeeren

Zutaten:
3/4 l Milch
150 g Grieß
1 Prise Salz
1/2 Päckchen Vanillinzucker
4 EL Weizenkeime
3 Eigelb, 4 EL Zucker
200 g Erdbeeren

Zubereitungszeit: 20 Min.

EW	Fett	KH	kcal/kJ
19 g	11 g	69 g	446/1873

Tipp
Übriges Eiweiß zu steifem Schnee schlagen, mit Zucker süßen, auf Teller verteilen und jeweils eine Pfirsichhälfte aus der Dose hineinsetzen; dieser leckere Nachtisch nennt sich „Süßes Spiegelei".

- Milch erhitzen. Grieß, 1 Prise Salz, Vanillinzucker und Weizenkeime zugeben, unter ständigem Rühren kurz aufkochen. Etwas abkühlen lassen, Eigelb unterrühren, mit Zucker abschmecken.
- Grießbrei abkühlen lassen.
- Inzwischen einen Teil der gewaschenen Erdbeeren fein pürieren.
- Aus dem abgekühlten Grießbrei Nockerl formen (am besten mit zwei Löffeln), zusammen mit dem Erdbeerpüree und restlichen Erdbeeren anrichten.

Gemischte Früchte

- Melone halbieren, Kerne entfernen und das Fruchtfleisch mit einem Kugelausstecher herauslösen.
- Melonenhälften nach Wunsch am Rand dekorativ verzieren, z. B. Zacken ausschneiden.
- Beerenfrüchte und Mirabellen waschen, putzen, Erdbeeren vierteln.
- Obst mit Zucker, Vanillinzucker und Kirschwasser vermischen, dann in die ausgehöhlten Melonenhälften füllen und servieren.

Zubereitungszeit: 20 Min.

EW	Fett	KH	kcal/kJ
6 g	1 g	79 g	361/1516

Zutaten:
1 kleine Honigmelone
500 g gemischte Früchte (z. B. Erdbeeren, Himbeeren, Brombeeren, Stachelbeeren, Mirabellen)
2 EL Zucker
1 Päckchen Vanillinzucker
4 cl Kirschwasser

Savarinchen mit Käse-Obstsalat (für 6 Personen)

Zutaten:
250 g Mehl
1/8 l Milch
20 g Hefe
2 EL Zucker
1 Prise Salz
2 Eier
75 g Butter
Butter für die Formen
100 g Erdbeeren
100 g Brombeeren
100 g Himbeeren
100 g Heidelbeeren
200 g Camembert
50 g Walnüsse, gehackt
6 EL Himbeeressig
1/8 l Apfelsirup
1 Päckchen Vanillinzucker
2 TL Zitronensaft
1 EL Streifen von 1 Zitronenschale (unbehandelt)

Zubereitungszeit: 50 Min.

EW	Fett	KH	kcal/kJ
26 g	38 g	89 g	825/3457

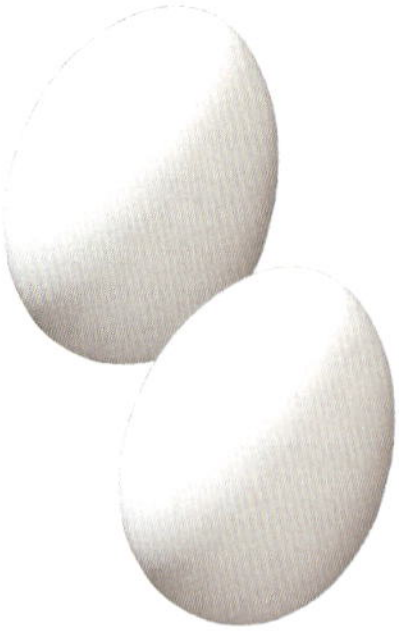

- Alle Zutaten auf Küchentemperatur bringen. Mehl in eine Teigschüssel sieben. Milch lauwarm erwärmen, Hefe hineinbröckeln. 1 EL Mehl und etwas Zucker unterrühren.
- Zum Mehl Salz und restlichen Zucker mischen, eine Mulde eindrücken und Eier hineingeben. Butterflöckchen obenauf legen.
- Milch-Hefe-Mischung dazugießen und alles zu einem Teig schlagen. Zugedeckt an einem warmen Ort gehen lassen, bis sich das Teigvolumen verdoppelt hat. Danach Teig gut durchrühren.
- Kleine Savarin-Formen mit Butter ausstreichen. Teig einfüllen. 15 Minuten gehen lassen. Dann in 20–25 Minuten bei 200 Grad goldfarbig backen. Aus der Form nehmen und auskühlen lassen.
- Früchte putzen und waschen.
- Camembert in haselnussgroße Stücke schneiden und mit Früchten und Walnüssen gut durchmischen.
- Essig, Apfelsirup, Vanillinzucker und Zitronensaft verrühren und über den Obstsalat gießen. Savarinchen auf Dessertteller legen und mit Salat füllen. Savarinchen mit restlicher Sauce tränken.
- Dessert mit Zitronenschalenstreifen bestreuen und sofort servieren.

Erdbeer-Vanille-Quarkcreme

Zutaten:
400 g Magerquark
100 ml Sahne
200 g Erdbeeren (oder andere Beerenfrüchte)
1 Päckchen Vanillinzucker oder Mark von 1 Vanilleschote
50 g Zucker
1 Zitrone (unbehandelt)
3 EL Maraschino
100 g Beerenfrüchte (Himbeeren, Brombeeren, Heidelbeeren, frisch oder tiefgekühlt)

Zubereitungszeit: 20 Min.

EW	Fett	KH	kcal/kJ
15 g	3 g	25 g	210/882

- Quark mit Sahne cremig rühren.
- Erdbeeren waschen, putzen, 150 g pürieren und unter die Creme ziehen.
- Mit Vanillinzucker oder Vanillemark, Zucker, Zitronensaft und Maraschino abschmecken.
- Restliche Früchte waschen, abtropfen lassen, verlesen und zu der Quarkcreme geben.
- Mit fein geraspelter Zitronenschale garnieren.

Früchtebecher „Sommertraum"

- Früchte waschen und putzen. Erdbeeren in Stücke schneiden.
- Quark mit Jogurt cremig rühren. Nach Belieben Weizenkeime unterrühren.
- Früchte und Quark in ein hohes Dessertglas schichten.
- Mit gehackten Walnüssen garnieren.
- Sofort servieren.

EW	Fett	KH	kcal/kJ
22 g	7 g	22 g	252/1058

Zubereitungszeit: 15 Min.

Zutaten:
800 g Beerenfrüchte (Erdbeeren, Himbeeren, Heidelbeeren)
400 g Magerquark
200 g Jogurt
8 EL Weizenkeime nach Belieben
8 Walnusshälften

Vanilleeis im Schokoladensüppchen

Zutaten:
1/2 l Milch
6 EL Nuss-Nougat-Creme (z. B. Nutella)
3 EL Orangensaft
1/2 TL abgeriebene Orangenschale (unbehandelt)
4 EL gemischtes Obst (z. B. Erdbeeren, Aprikosen)
4 Kugeln Vanilleeis

Zubereitungszeit: 25 Min.

EW	Fett	KH	kcal/kJ
6 g	10 g	17 g	181/760

- Milch erwärmen, Nuss-Nougat-Creme darin schmelzen lassen und mit Orangensaft sowie -schale abschmecken. Suppe ca. 1 Stunde kalt stellen.
- In der Zwischenzeit Obst waschen, vorbereiten und in kleine Stückchen schneiden.
- Schokoladensüppchen auf 4 kleine Suppenteller verteilen, je 1 Kugel Vanilleeis zugeben und mit 1 EL Obst garnieren.

Rhabarber in Rotwein

Zutaten:
250 g Rhabarber
1/8 l Rotwein
130 g Zucker
1 EL Speisestärke

Zubereitungszeit: 25 Min.

EW	Fett	KH	kcal/kJ
0 g	0 g	37 g	171/718

- Rhabarber schälen und in kleine Stücke schneiden.
- 1/8 l Wasser mit Rotwein und Zucker erwärmen, Rhabarberstücke hineingeben, aufkochen und 10 Minuten ziehen lassen.
- Gekochten Rhabarber herausnehmen und kalt stellen.
- Den zurückgebliebenen Rotwein durch ein Sieb geben und auf die Hälfte reduzieren. Flüssigkeit mit der Speisestärke durch kurzes Aufkochen binden, zu dem Rhabarber geben und gut 2 Stunden auskühlen lassen.

Tipp
Servieren Sie den Rhabarber in Rotwein mit Marzipanmousse.

Flambierter Obstsalat

- Melone halbieren, Kerne entfernen und das Fruchtfleisch mit einem Kugelausstecher herauslösen.
- Erdbeeren und Kirschen waschen, Erdbeeren putzen, Kirschen entsteinen.
- Kiwis schälen und in feine Scheiben schneiden.
- 40 g Butter in einer Pfanne erhitzen. Früchte kurz darin schwenken und anschließend warm stellen.
- Restliche Butter zerlassen, Zucker darüber streuen und unter Rühren schmelzen.
- Zitronen- und Orangensaft angießen und alles bei großer Hitze etwas einkochen lassen.
- Die Früchte und den eingekochten Saft auf Dessertschalen verteilen.
- Zum Flambieren Orangenlikör in eine Metallkelle geben, diese mit einem Feuerzeug von unten leicht erwärmen, den erwärmten Likör an der Flamme entzünden, über die Früchte geben und sofort servieren.

Zubereitungszeit: 30 Min.

EW	Fett	KH	kcal/kJ
2 g	15 g	45 g	373/1568

Zutaten:
1 kleine Honigmelone
200 g kleine Erdbeeren
200 g Kirschen
2 Kiwis
70 g Butter
50 g brauner Zucker
2 EL Orangensaft
2 EL Zitronensaft
100 ml Orangenlikör

Beerenkaltschale mit gefüllten Blätterteig-Käse-Halbmonden

Zutaten:
1/8 l Johannisbeersaft
abgeriebene Schale von 1 Zitrone (unbehandelt)
abgeriebene Schale von 1 Orange (unbehandelt)
50 g Speisestärke
500 g verschiedene Beeren
Zucker
1 Päckchen Blätterteigplatten (tiefgekühlt)
1 Eigelb
100 g Frischkäse
50 g Crème fraîche
Puderzucker zum Bestäuben

Zubereitungszeit: 30 Min.

EW	Fett	KH	kcal/kJ
11 g	39 g	70 g	680/2849

- Johannisbeersaft mit der Schale von 1/2 Zitrone und 1 Orange zum Kochen bringen und mit Speisestärke binden.
- Beeren zugeben und noch einmal kurz aufkochen. Mit Zucker abschmecken, kalt stellen.
- Am besten einen Tag vorher zubereiten.
- Halbmonde aus fertigen Blätterteigplatten ausstechen, auf ein Blech mit Backpapier legen und nur die Oberfläche mit Eigelb bestreichen. Bei 220 Grad im vorgeheizten Ofen goldgelb backen.
- Den Ofen nicht zu früh öffnen, da die Halbmonde sonst zusammenfallen.
- Frischkäse, Crème fraîche, restliche Zitronenschale und Zucker glatt rühren.
- Die Halbmonde lassen sich leicht in zwei Hälften teilen. Auf die untere Hälfte 1 TL der Käsemasse geben, den Deckel wieder darauf setzen und mit Puderzucker bestäuben. Zur Kaltschale servieren.

Aprikosen mit Erdbeerschaum

■ Erdbeeren putzen und mit der Hälfte des Zuckers pürieren.
■ Eigelb im Wasserbad mit restlichem Zucker und Sekt schaumig aufschlagen und über Eis abkühlen. Weiterschlagen, bis der Schaum ganz abgekühlt ist, Erdbeerpüree und Sahne unterheben und auf die Teller verteilen.
■ Aprikosen putzen, vierteln und wie eine Blüte auf dem Erdbeerschaum angerichtet servieren.

Zubereitungszeit: 20 Min.

EW	Fett	KH	kcal/kJ
3 g	13 g	25 g	254/1063

Zutaten:
400 g Erdbeeren
60 g Zucker
2 Eigelb
100 ml Sekt
125 g Sahne, steif geschlagen
8 Aprikosen

Erdbeer-Buttermilch-Törtchen mit Pfirsichsauce

■ Erdbeeren waschen, putzen, im Mixer pürieren, 2 EL für die Garnitur beiseite stellen. Restliches Erdbeermus mit Zucker und Buttermilch verquirlen.
■ Gelatine nach Anweisung auflösen und unter die Erdbeer-Buttermilch mischen. Kalt stellen und dicklich werden lassen.
■ Sahne steif schlagen und gleichmäßig unterziehen.
■ Masse in 4 Förmchen füllen und im Kühlschrank fest werden lassen.

Zutaten:
300 g Erdbeeren
60 g Zucker
1/4 l Buttermilch
6 Blatt helle Gelatine
100 g Sahne
250 g Pfirsiche (Dose)

Zubereitungszeit: 40 Min.

EW	Fett	KH	kcal/kJ
5 g	9 g	32 g	230/966

■ Pfirsiche abtropfen lassen, pürieren und die Sauce in 4 Dessertteller geben.
■ In die Mitte die Erdbeer-Buttermilch-Törtchen stürzen.
■ Übriges Erdbeermark in das Pfirsichpüree träufeln und mit einem Stäbchen in alle Richtungen auseinander ziehen, so dass „Blüten" entstehen.

Fruchtige Desserts (kalt)

Sommerlicher Fruchtsalat

Zutaten:
je 125 g Johannisbeeren, Himbeeren, Erdbeeren
1 Apfel
1 Banane
3 EL helle Rosinen
200 g Crème fraîche
1 TL Zitronensaft
1 EL Zucker

■ Die Früchte waschen und sorgfältig putzen, Erdbeeren halbieren, Apfel und Banane in kleine Scheiben und Stücke schneiden.

■ Das Obst mischen und in Schälchen anrichten. Mit den Rosinen bestreuen.

■ Crème fraîche mit Zitronensaft und Zucker verrühren, über den Salat gießen.

Zubereitungszeit: 20 Min.

EW	Fett	KH	kcal/kJ
3 g	10 g	33 g	330/1382

Rote Grütze

Zutaten:
je 250 g Erdbeeren, Himbeeren, rote und schwarze Johannisbeeren oder gemischte Beeren (tiefgekühlt)
75 g Speisestärke
4 EL Zucker
20 ml Kirschwasser
1/4 l Vanillesauce oder 250 g süße Sahne

■ Frische Früchte waschen, entstielen.

■ Nach Belieben einige Beeren beiseite legen, restliche Beeren in 1/4 l kaltem Wasser zusetzen, kurz kochen, tief gekühlte Früchte auftauen lassen.

■ Früchte durch ein Sieb passieren, nochmals erhitzen. Stärke mit Wasser verrühren, dazugeben, aufkochen lassen. Zucker unterrühren. Nach Belieben zurückbehaltene Beeren zugeben. In die etwas abgekühlte Grütze Kirschwasser rühren.

■ Im Kühlschrank erkalten lassen, mit Vanillesauce oder Sahne servieren.

Zubereitungszeit: 30 Min.

EW	Fett	KH	kcal/kJ
3 g	19 g	45 g	385/1618

Frische Fruchtkugeln

Zutaten:
je 2 Pfirsiche, Birnen, Nektarinen
1 Banane
1 Honigmelone
Zitroneneis

■ Mit dem Kartoffelstecher aus dem Fruchtfleisch aller Früchte kleine Kugeln ausstechen.

■ Die Fruchtreste im Mixer pürieren. Püree und Fruchtkugeln mindestens 1 Stunde lang gut kühlen.

■ Püree auf flache Teller verteilen, Fruchtkugeln darauf geben und Zitroneneiskugeln in gleicher Größe dazwischenlegen.

EW	Fett	KH	kcal/kJ
3 g	0 g	43 g	187/785

Zubereitungszeit: 20 Min.

Sommerliches Quarkdessert

■ Melonen quer halbieren, entkernen und mit einem Portionierer aus dem Fruchtfleisch kleine Melonenkugeln ausstechen.

■ Beeren verlesen und waschen bzw. auftauen lassen.

■ Quark mit Jogurt, Zucker, Vanillinzucker und Weizenkeimen verrühren. Melonenkugeln und einen Großteil der Beeren unterheben.

■ Melonenhälften rundum mit einem Messer wellenförmig einschneiden und mit Fruchtquark füllen.

■ Quarkdessert mit etwas geraspelter Limettenschale garnieren und mit restlichen Beerenfrüchten und Waffelröllchen anrichten.

■ Kühl servieren.

EW	Fett	KH	kcal/kJ
19 g	9 g	62 g	396/1663

Zubereitungszeit: 25 Min.

Zutaten:
2 Honigmelonen
600 g gemischte Beeren (frisch oder tiefgekühlt)
400 g Magerquark
200 g Jogurt
60 g Zucker
1 Päckchen Vanillinzucker
50 g Weizenkeime
etwas Limettenschale
4 Waffelröllchen

Erdbeer-Kefir-Gelee mit Früchten und Eierlikörsauce

Zutaten:
250 g Erdbeeren
50 g Zucker
Saft von 1/2 Zitrone
500 g fettarmer Kefir
8 Blatt helle Gelatine
200 g gemischte Früchte (z. B. Kiwischeiben, Himbeeren, Johannisbeeren, Pfirsichspalten)
etwas Vanillemark
200 g Jogurt
20 ml Eierlikör

Zubereitungszeit: 40 Min.

EW	Fett	KH	kcal/kJ
12 g	3 g	32 g	218/914

- Erdbeeren kurz waschen, putzen und pürieren, mit Zucker und Zitronensaft unter den Kefir rühren.
- Gelatine nach Packungsanweisung einweichen und auflösen, dann rasch und gleichmäßig unter die Erdbeer-Kefir-Mischung rühren.
- Masse in eine kleine Kastenform füllen und im Kühlschrank fest werden lassen.
- Kurz vor dem Servieren Früchte für die Garnitur vorbereiten bzw. zurechtschneiden.
- Gelee auf eine Platte stürzen (dafür die Form evtl. kurz in heißes Wasser tauchen) und in Scheiben schneiden. Je 1 Geleescheibe auf einen Dessertteller geben.
- Vanillemark unter den Jogurt mischen und die Sauce neben das Geleedessert geben.
- In die Mitte der Sauce etwas Eierlikör träufeln und diesen mit einem Holzstäbchen strahlenförmig nach außen ziehen. So entsteht ein hübsches Muster. Vorbereitete Früchte um Erdbeer-Kefir-Gelee und Vanille-Jogurt-Sauce garnieren.
- Dessert sofort servieren.

Pfirsichjogurt mit Pistazien

Zutaten:
150 g Pfirsichjogurt
1 Pfirsich
1 TL Pistazien, gehackt

- Jogurt in ein Kelchglas füllen, mit dem in Spalten geschnittenen Pfirsich und gehackten Pistazien garnieren.

Zubereitungszeit: 15 Min.

EW	Fett	KH	kcal/kJ
2 g	2 g	10 g	66/279

Kalte Himbeersauce

- Geputzte Himbeeren im Mixer zusammen mit allen anderen Zutaten zu einer frischen Sauce verarbeiten.
- Gut gekühlt servieren.

- Schmeckt zu allen warmen Süßspeisen.

EW	Fett	KH	kcal/kJ
0 g	0 g	20 g	106/444

Zutaten:
200 g frische Himbeeren
50 g Zucker
2 TL Zitronensaft
40 ml Himbeerlikör

Zubereitungszeit: 15 Min.

Heiße Himbeersauce

- Hälfte der Himbeeren mit Zucker und Rotwein sowie einem Stück Zitronenschale kurz kochen. Restliche Himbeeren dazugeben, Zitronenschale entfernen.
- Die klassische Beigabe zu Vanilleeis.

Zubereitungszeit: 20 Min.

EW	Fett	KH	kcal/kJ
0 g	0 g	20 g	106/444

Zutaten:
200 g Himbeeren (frisch oder tiefgekühlt)
80 g Zucker
100 ml Rotwein
Zitronenschale

Weinschaumsauce

- Eigelb mit Zucker schaumig schlagen. Marsala und Weinbrand nach und nach einrühren. Die Creme so lange im Wasserbad schlagen, bis sie dickflüssig ist. Sofort servieren.

- Schmeckt super zu frischen Früchten.

EW	Fett	KH	kcal/kJ
0 g	0 g	20 g	106/444

Zutaten:
6 Eigelb, 50 g Zucker
1/8 l Marsalawein
10 ml Weinbrand

Zubereitungszeit: 20 Min.

Kalte Vanillesauce

- Milch mit Vanilleschote aufkochen, Vanilleschote entfernen.
- Eigelb mit Zucker schaumig schlagen, unter ständigem Rühren Vanillemilch zugeben. Bei mittlerer Hitze kurz aufkochen. In eine Schüssel umfüllen und in ein Eisbad stellen und unter Rühren abkühlen lassen. Sahne steif schlagen und unterrühren.

EW	Fett	KH	kcal/kJ
6 g	10 g	22 g	205/862

Zutaten:
1/2 l Milch, 1 Vanilleschote, 1 Eigelb
50 g Zucker, 20 g Sahne

Zubereitungszeit: 20 Min.

Karamellsauce

- Zucker schmelzen, mit Butter, Sahne und Rum ablöschen. Gut durchkochen und Früchte nach Wahl (z. B. Datteln) in der Sauce erwärmen.

Zubereitungszeit: 15 Min.

EW	Fett	KH	kcal/kJ
1 g	17 g	21 g	283/1185

Zutaten:
100 g Zucker
40 g Butter
125 g Sahne
20 ml Rum

Rhabarbersauce

Zutaten:
Saft von zwei Orangen
100 g Zucker
100 g Rhabarber, geschält, in kleine Stücke geschnitten

- 1/4 l Wasser, Orangensaft und Zucker aufkochen, Rhabarber zugeben und 2 Minuten ziehen lassen.
- Schmeckt zu trockenen Kuchen und Vanillepudding.

Zubereitungszeit: 10 Min.

EW	Fett	KH	kcal/kJ
0 g	0 g	29 g	119/500

Erdbeersauce

Zutaten:
250 g Erdbeeren
60 g Zucker
1/2 Orangenschale
20 ml Rum
1 Prise Zimt

- Erdbeeren pürieren.
- Zucker und Orangenschale in 6 EL Wasser aufkochen, durch ein Sieb geben und zusammen mit Rum und Prise Zimt in das Erdbeerpüree rühren.

Zubereitungszeit: 10 Min.

- Gut gekühlt servieren.
- Schmeckt zu Vanillepudding und Eis.

EW	Fett	KH	kcal/kJ
0 g	0 g	20 g	97/407

Kirschsauce

Zutaten:
250 g Sauerkirschen (Dose)
150 g Jogurt
1 EL Cream-Sherry
125 g Sahne
1 Prise Nelkenpulver

- Die Hälfte der Kirschen mit dem Saft aus der Dose im Mixer pürieren, mit Jogurt und Cream-Sherry verrühren und mit Sahne durchschlagen.
- Die restlichen Kirschen unterrühren, mit dem Nelkenpulver abschmecken.
- Die Kirschsauce gut gekühlt servieren.
- Schmeckt zu Eis und Crêpes.

Zubereitungszeit: 15 Min.

EW	Fett	KH	kcal/kJ
3 g	11 g	11 g	164/689

Heiße Hollundersauce

Zutaten:
1/4 l Hollunderbeersaft
1 TL Zitronensaft
1 EL Zucker
8 g Speisestärke

- Hollunderbeersaft und Zitronensaft mit Zucker aufkochen.
- Stärke in 3 EL Wasser anrühren, in die Saftmischung geben und noch einmal aufkochen.
- Schmeckt zu Eis, Crêpes und Löffelbiskuits.

Zubereitungszeit: 15 Min.

EW	Fett	KH	kcal/kJ
1 g	0 g	11 g	52/218

Obstkuchen und -torten

Mandeltarte mit Erdbeeren

Zutaten:
Für den Mürbeteig:
150 g Mehl
50 g Mandeln, gemahlen
1 EL Zucker
1 TL Salz
100 g Butter, 1 Ei
Für die Füllung:
1 Vanillestange
200 ml Milch
300 g Créme fraîche
5 Eigelb, 1 Ei
120 g Zucker
Butter für die Form
Mehl für die Arbeitsfläche
200 g Erdbeeren
100 g Mandelblättchen
3 EL Zucker, 1 Msp. Zimt
außerdem:
Erbsen oder Bohnen zum Blindbacken

Tipp
Mürbeteigkuchen, die mit Cremes oder Früchten gefüllt werden sollen, müssen einen hohen, dünnwandigen Rand und flachen Boden haben. Dies erreicht man durch das sogenannte „Blindbacken". Nachdem der Teig in die Form eingepresst ist, sticht man den Boden mehrmals ein, füllt den Kuchen für den Backvorgang mit Hülsenfrüchten.

- Mehl, Mandeln, Zucker und Salz in einer flachen Schüssel mischen. Butter in Würfel schneiden und zusammen mit einem Ei dazugeben. Alle Zutaten miteinander verkürmeln – mit den Fingerspitzen, damit der Teig nicht zu warm wird. Krümel kurz mit den Händen zu einem Ball kneten, in Folie wickeln und mindestens 30 Minuten im Kühlschrank ruhen lassen.
- Backofen auf 200 Grad vorheizen.
- Vanillestange längs aufschlitzen, mit einem Messerrücken auskratzen. Milch mit Crème fraîche und Vanillemark aufkochen.
- In einer Schüssel auf einem heißen Wasserbad 5 Eigelb mit Ei und Zucker verrühren, Vanillerahm zugeben, rühren, bis die Sauce beginnt einzudicken. Sofort durch ein feines Sieb gießen und abkühlen lassen.
- Quicheform buttern, Mürbeteig auf einer bemehlten Arbeitsfläche ausrollen und die Form damit auslegen.
- Teigboden in der Form mit einem Stück Backpapier oder Alufolie auslegen und mit Erbsen oder Bohnen beschweren. 15 Minuten vorbacken. Ofen auf 140 Grad zurückschalten.
- Abgekühlte Sauerrahmcreme einfüllen, 1 Stunde im Ofen stocken lassen.
- Erdbeeren waschen, putzen und trocknen, anschließend in dünne Scheiben schneiden.
- Kuchen mit Erdbeerscheiben belegen, mit Mandelblättchen bestreuen. Zucker und Zimt mischen, auf die Mandeln streuen und kurz unter dem Backofengrilll karamellisieren – dabeibleiben, damit der Kuchen nicht verbrennt!

Zubereitungszeit: 60 Min.

EW	Fett	KH	kcal/kJ
9 g	25 g	23 g	357/1498

Tipp
Am besten schmeckt der Kuchen frisch gratiniert. Sie können die Quiche mit Füllung fertigbacken, abkühlen und erst bei Bedarf mit Erdbeeren und Mandelblättchen belegen und überacken. Auch andere Früchte wie frische Feigen oder Aprikosen eignen sich gut für dieses Rezept.

Festtagstorte mit frischen Erdbeeren

Zutaten:
Für den Teig:
3 Eier
80 g Zucker
4 EL Mehl
1 EL Speisestärke
Für die Füllung:
500 g Quark
4 cl Orangenlikör
160 g Zucker
2 Päckchen Vanillinzucker
500 g Sahne
8 Blatt Gelatine
150 g Raspelschokolade
500 g Erdbeeren
Zum Bestreuen:
40 g Mandelblättchen, geröstet

Zubereitungszeit: 45 Min.

EW	Fett	KH	kcal/kJ
8 g	19 g	28 g	329/1376

- Ofen auf 220 Grad vorheizen.
- Eier und 80 g Zucker so lange schaumig schlagen, bis eine dickcremige Masse entstanden ist. Mehl mit Speisestärke mischen, darüber sieben und mit einem Schneebesen vorsichtig unterheben. Teig in eine mit Backpapier ausgelegte Springform (26 cm Durchmesser) füllen und im vorgeheizten Ofen ca. 10–12 Minuten backen.
- Biskuitboden auf eine Tortenplatte stürzen, Backpapier vorsichtig abziehen und den Boden erkalten lassen. Springformring um den Tortenboden legen und mit Backpapier auskleiden.
- Quark mit Orangenlikör, Zucker und Vanillinzucker verrühren. Sahne steif schlagen.
- Gelatine nach Packungsanweisung auflösen und unter die Quarkmasse ziehen.
- Sobald die Masse anfängt zu gelieren, Raspelschokolade und geschlagene Sahne unterheben. Die Masse auf den Tortenboden geben, glatt streichen und im Kühlschrank fest werden lassen.
- Erdbeeren kurz waschen, trockentupfen, putzen und auf die Käse-Sahne-Creme setzen. Springformrand entfernen und Backpapier von der Torte vorsichtig abziehen. Rand der Torte mit gerösteten Mandelblättchen bestreuen.
- Ergibt 16 Stück.

Tipp
Länger hält die Torte, wenn Sie roten Tortenguss über die Erdbeeren geben.

Stachelbeerkuchen mit Baisergitter

Zutaten:
Für den Teig:
175 g Mehl
80 g feine Haferflocken
1 Msp. Backpulver
1 Eigelb
150 g Butter
80 g Zucker
1 Prise Salz
4 Tropfen Zitronenbacköl
Für die Creme:
1/4 l Stachelbeersaft
2 gestr. EL Speisestärke
2 Eigelb
25 g Zucker
1 Päckchen Vanillinzucker
Für den Belag:
2 Gläser Stachelbeeren (à 430 g)
3 Eiweiß
150 g Zucker

Zubereitungszeit: 40 Min.

EW	Fett	KH	kcal/kJ
5 g	12 g	51 g	290/1212

■ Für den Teig Mehl, Haferflocken und Backpulver vermischen. Auf die Tischplatte geben und in die Mitte eine Mulde für das Eigelb drücken.

■ Butter, Zucker, Salz und Zitronenbacköl am Rand verteilen und alles zu einem Mürbeteig verkneten. Teig in Folie wickeln und 30 Minuten im Kühlschrank ruhen lassen.

■ Ofen auf 200 Grad vorheizen.

■ Die Hälfte des Backblechs mit Backtrennpapier auslegen und Teig darauf ausrollen. Vor den Teig einen Streifen gekniffelte Alufolie legen. In den Teig mit einer Gabel mehrmals einstechen und im vorgeheizten Ofen auf mittlerer Schiene 10–15 Minuten backen.

■ Stachelbeeren für den Belag abtropfen lassen und beiseite stellen.

■ Inzwischen Stachelbeersaft, mit 1 EL Saft angerührte Speisestärke, Eigelb, Zucker und Vanillinzucker in einen Kochtopf geben, unter Rühren einmal aufkochen und dann abkühlen lassen. Creme auf den Mürbeteig streichen und Stachelbeeren darauf verteilen.

■ Eiweiß mit Zucker steif schlagen. Mit einem Spritzbeutel ein Gitter auf den Stachelbeerkuchen spritzen und bei 250 Grad auf zweiter Einschubleiste von oben 3–5 Minuten überbacken.

Festliche Himbeereistorte

■ Ofen auf 175 Grad vorheizen.
■ Butter schaumig rühren. Zucker, Vanillinzucker, Salz und Zitronenschalenaroma dazugeben. Eier nach und nach unterrühren. Mehl, Haferflocken, Speisestärke und Backpulver vermischen und esslöffelweise zum Teig geben.
■ Eine Springform (24 cm Durchmesser) fetten. Teig hineingeben und im vorgeheizten Ofen auf unterster Schiene 25–30 Minuten backen. Kuchen aus der Form lösen, abkühlen lassen und einmal durchschneiden.
■ Himbeeren waschen, pürieren. Eigelb mit Zucker und Zitronensaft schaumig schlagen. Sahne steif schlagen, Himbeerpüree, Eigelbmasse und Sahne vermischen.
■ Unteren Boden in die Springform legen. Himbeersahne und zweiten Boden darauf geben und alles ca. 10 Stunden gefrieren lassen.
■ Himbeereistorte kurz vor dem Servieren mit steif geschlagener, gezuckerter Sahne und Himbeeren verzieren.

Zutaten:
Für den Teig:
100 g Butter
100 g Zucker
1 Päckchen Vanillinzucker
1 Prise Salz
1/2 TL Zitronenschalenaroma
3 Eier
40 g Mehl
60 g blütenzarte Haferflocken
50 g Speisestärke
1 TL Backpulver
Fett für die Form
Für die Füllung:
500 g Himbeeren
2 Eigelb
100 g Zucker
Saft von 1/2 Zitrone
500 g Sahne
Für die Verzierung:
125 g Sahne
etwas Zucker
125 g Himbeeren

Zubereitungszeit: 60 Min.

EW	Fett	KH	kcal/kJ
5 g	20 g	26 g	322/1346

Bunte Obstteilchen-Landschaft

Zutaten:
900 g Blätterteig (tiefgekühlt, 12 Scheiben)
1 Ei
1 Päckchen Vanillepuddingpulver
1/2 l Milch
40 g Zucker
1 Kiwi
1 Pflaume
2 Erdbeeren
50 g Himbeeren
50 g rote Johannisbeeren
50 g Brombeeren
Mandelblättchen, gebräunt
Pistazien, gehackt
Zitronenmelisse
Schokoladenglasur

- 12 Blätterteigquadrate nach Packungsanweisung auftauen lassen, restliche Blätterteigscheiben wieder einfrieren.
- Ei trennen.
- Ofen auf 200 Grad vorheizen.
- 6 Teigscheiben dicht nebeneinander auf ein mit Backpapier ausgelegtes Backblech legen, mit Eiweiß bestreichen. Übrige 6 Scheiben in der Mitte rund ausstechen und auf die Blätterteigquadrate setzen, mit Eigelb bestreichen. Blätterteigkreise aufbewahren.
- Im vorgeheizten Ofen 15–20 Minuten backen.

Zubereitungszeit: 60 Min.

- Vanillepudding nach Packungsanweisung mit Milch und Zucker zubereiten. Abkühlen lassen und jeweils eine kleine Portion in die Blätterteigteilchen füllen.
- Obst waschen und putzen.
- Kiwi, Pflaume und Erdbeeren in Scheiben schneiden.
- Jeweils eine Obstsorte auf ein mit Pudding gefülltes Blätterteigquadrat geben. Mit gebräunten Mandelblättchen, gehackten Pistazien, Zitronenmelisse und Schokoladenglasur garnieren.
- Ergibt 6 Stück.

EW	Fett	KH	kcal/kJ
9 g	36 g	56 g	582/2534

Himbeer-Blätterteigschnitten mit Sektcreme

Zutaten:
250 g Blätterteig (tiefgekühlt)
135 ml Milch
125 g Sahne
100 g Zucker
2 Vanilleschoten
3 Eigelb
40 g Speisestärke
400 g Himbeeren
125 g Crème fraîche
60 g Puderzucker
50 ml trockener Sekt
40 ml Weinbrand
80 g Sahne, geschlagen
5 EL Himbeermark (Fertigprodukt)
Puderzucker zum Bestäuben

Zubereitungszeit: 45 Min.

EW	Fett	KH	kcal/kJ
5 g	30 g	46 g	497/2082

- Aufgetauten Blätterteig sehr dünn ausrollen, auf ein Blech legen. In den Teig mit einer Gabel dicht nebeneinander einstechen. Bei 220 Grad 25–30 Minuten goldbraun backen.
- 125 ml Milch mit Sahne, Zucker und ausgekratztem Vanillemark aufkochen. Eigelb mit Stärke und 10 ml Milch verquirlen und mit dem Schneebesen in die Vanillemilch rühren. Bei milder Hitze 5 Minuten köcheln lassen.
- Blätterteig in 24 Quadrate von 5 x 5 cm schneiden.
- Abgekühlte Creme jeweils auf ein Quadrat spritzen und mit Himbeeren belegen (einige für die Garnitur aufbewahren).
- 2 belegte Böden aufeinander legen. Mit einem unbelegten Boden abschließen und mit Himbeeren garnieren.
- Crème fraîche mit Puderzucker und Sekt verrühren, mit Weinbrand aromatisieren und Schlagsahne unterziehen.
- Auf jeden Teller einen Kreis von Sektcreme bilden, mit etwas Fruchtmark und Himbeeren garnieren. Eine Schnitte in die Mitte setzen und mit Puderzucker bestäuben.
- Sofort servieren.

Erdbeerkuchen

Zutaten:
3 Eier
180 g Zucker
150 g Mehl
2 EL Speisestärke
Fett für die Form
500 g Erdbeeren
100 g Mandeln, gehackt
1 Päckchen roter Tortenguss
50 g Mandeln, gehobelt

- Eier mit 1 EL Wasser schaumig rühren, dabei den Zucker langsam einrieseln lassen. Mehl und Speisestärke mischen, über die Eimasse sieben und unterheben. Teig in eine gefettete Obstkuchenform füllen und im vorgeheizten Ofen bei 200 Grad 20–25 Minuten backen. Auf einem Tortengitter auskühlen lassen.
- Erdbeeren waschen, putzen und abtropfen lassen. Tortenboden mit gehackten Mandeln bestreuen und mit Erdbeeren belegen.
- Tortenguss nach Packungsanweisung zubereiten und über die Erdbeeren gießen. Gehobelte Mandeln in einer Pfanne ohne Fett kurz rösten und die Torte damit bestreuen.
- Ergibt 16 Stück.

Zubereitungszeit: 40 Min.

EW	Fett	KH	kcal/kJ
4 g	6 g	22 g	166/697

Tipp
Mit gesüßter Schlagsahne servieren.

Fruchtige Käsetorte

- Ofen auf 175 Grad vorheizen.
- Butter oder Margarine mit Zucker und Vanillinzucker schaumig rühren. Nach und nach Quark, Eier und Zitronensaft zugeben.
- Grieß mit Backpulver und Puddingpulver vermischen, auf die Quarkmasse streuen und alles gründlich verrühren.
- Teig in eine mit Backpapier ausgelegte Springform füllen (26 cm Durchmesser) und im vorgeheizten Ofen ca. 1 Stunde backen. Kuchen auskühlen lassen.
- Springformrand vorsichtig lösen, Kuchen auf eine Tortenplatte stürzen und das Backpapier abziehen.
- Pfirsiche und Aprikosen abtropfen lassen, Pfirsiche in Spalten, Kiwis schälen und in Scheiben schneiden.
- Beeren auftauen lassen. Das Obst auf dem Quarkkuchen anordnen.
- Ergibt 16 Stück.

EW	Fett	KH	kcal/kJ
9 g	20 g	42 g	280/1170

Zubereitungszeit: 45 Min.

Zutaten:
125 g Butter oder Margarine
200 g Zucker
1 Päckchen Vanillinzucker
1 kg Quark, 4 Eier
Saft von 1 Zitrone
2 EL Grieß
1 Päckchen Backpulver
1 Päckchen Vanillepuddingpulver
2 Pfirsichhälften (Dose)
6 Aprikosenhälften (Dose), 2 Kiwis
350 g gemischte Beeren (frisch oder tiefgekühlt)
einige Melonenkugeln

Waffeltorte

Zutaten:
125 g Butter oder Margarine
4 EL Zucker
2 Päckchen Vanillinzucker
2 Eier
100 g Mehl
2 EL Speisestärke
1/8 l Milch
evtl. Fett für das Waffeleisen
300 g Sahne
1 Päckchen Sahnesteif
1 kleines Glas Kaiserkirschen
1 kleine Dose Ananas
200 g Johannisbeeren
Puderzucker

Zubereitungszeit: 40 Min.

EW	Fett	KH	kcal/kJ
2 g	10 g	16 g	158/661

- Butter oder Margarine schaumig rühren, nach und nach 3 EL Zucker, 1 Päckchen Vanillinzucker und Eier zugeben. Mehl mit Speisestärke mischen, mit Milch hinzufügen und alles verrühren.
- Teig nach und nach in ein erhitztes, evtl. gefettetes Waffeleisen füllen und 4–5 Waffeln backen.
- Sahne mit Sahnesteif, restlichen Vanillinzucker und restlichem Zucker steif schlagen.
- Kaiserkirschen und Ananas abtropfen lassen. Johannisbeeren waschen, entstielen und abtrocknen.
- Waffeln in Herzchen teilen (so kann die Torte anschließend besser geschnitten werden) und wieder zu einer Waffel zusammensetzen.
- Abwechselnd eine Waffel mit Sahne bestreichen und mit Obst belegen und zu einer Torte übereinander schichten.
- Letzte Waffel mit Puderzucker bestreuen und Torte ca. 30 Minuten kalt stellen. Nach Wunsch mit Johannisbeeren verzieren.

Beerentorte halb und halb

Zutaten:
3 Eier, getrennt
270 g Zucker
1/2 Päckchen Vanillinzucker
100 g Mehl
1 TL Backpulver
oder
1 Biskuittortenboden (Fertigprodukt)
Butter für die Form
8 Blatt weiße Gelatine
500 g Jogurt
Saft von 1 Zitrone
200 g Sahne
2 cl Himbeergeist
250 g Himbeeren (frisch oder tiefgekühlt)
250 g Brombeeren (frisch oder tiefgekühlt)
1 Päckchen klarer Tortenguss
1 EL Mandelblättchen, geröstet
1 EL Pistazien, gehackt
1 EL Schokoladenraspel
Zitronenmelisse zum Garnieren

Zubereitungszeit: 50 Min.

EW	Fett	KH	kcal/kJ
6 g	10 g	46 g	313/1311

- Eigelb und 100 g Zucker schaumig rühren. Vanillinzucker zugeben.
- Eiweiß zu steifem Schnee schlagen, auf die Schaummasse geben.
- Mehl mit Backpulver gemischt darüber sieben, alles locker und schnell unterheben.
- Eine Springform am Boden buttern, Teig einfüllen, glatt streichen und im vorgeheizten Ofen bei 200 Grad 15–20 Minuten backen (entfällt bei fertig gekauften Biskuittortenboden).
- Gelatine nach Packungsanweisung einweichen. Jogurt mit 150 g Zucker und Zitronensaft verrühren. Sahne steif schlagen. Gelatine ausdrücken, mit Himbeergeist leicht erwärmen, damit sie sich auflöst.
- Jogurt nach und nach in die aufgelöste Gelatine rühren und Sahne unterheben. Tortenring um den Biskuitboden legen, Jogurtmasse einfüllen und Torte im Kühlschrank einige Stunden fest werden lassen.
- Himbeeren und Brombeeren verlesen, waschen, abtropfen oder auftauen lassen. Torte halb mit Himbeeren und halb mit Brombeeren belegen.
- Tortenguss mit restlichem Zucker nach Packungsanweisung zubereiten und mit einem Pinsel auf die Beeren streichen. Die Himbeerhälfte mit Mandelblättchen und gehackten Pistazien bestreuen. Brombeerhälfte mit Schokoladenraspeln und Zitronenmelisse verzieren.
- Ergibt 12 Stück.

Rotwein-Kirsch-Kuchen

Zutaten:
150 g Butter
250 g Farinzucker
250 g altbackenes Graubrot, fein gerieben
1/8 l kräftiger Rotwein
5 Eier
abgeriebene Schale von 1/2 Zitrone (unbehandelt)
1/2 TL Backpulver
1 kg schwarze oder rote Herzkirschen
Butter für die Form
30 g Puderzucker

Zubereitungszeit: 45 Min.

EW	Fett	KH	kcal/kJ
2 g	8 g	34 g	227/950

■ Butter und Farinzucker schaumig rühren.
■ Graubrot mit Rotwein tränken.
■ Eier trennen. Eigelb, Zitronenschale, Backpulver und gewaschene Kirschen mit Butter-Zucker-Mischung vermengen. Eiweiß steif schlagen und vorsichtig unter den Teig heben.
■ In eine gebutterte Springform mit 26 cm Durchmesser füllen. 40–50 Minuten bei 175–200 Grad backen.
■ Kuchen nach ca. 1 Stunde Ruhezeit aus der Springform nehmen und Oberfläche mit Puderzucker dekorativ besieben.
■ Ergibt 16 Stück.

Quark-Johannisbeer-Torte

Zutaten:
125 g weiches Butterschmalz
250 g Puderzucker
abgeriebene Schale von 1 Zitrone (unbehandelt)

■ Ofen auf 150 Grad vorheizen. Weiches Butterschmalz, Puderzucker, Zitronenschale, Vanillinzucker und Salz miteinander verrühren. Eier nacheinander unterrühren. Magerquark, Schmand und Vanillepuddingpulver unterrühren.
■ Teig ca. 1 cm dick in eine mit Backpapier ausgelegte Form geben.
■ Johannisbeeren waschen, ab-

Quark-Johannisbeer-Torte (Fortsetzung)

tropfen lassen, von den Rispen zupfen und auf den Teig geben, einige mit Rispe für die Verzierung beiseite legen. Restliche Quarkmasse über die Johannisbeeren in der Springform füllen und glatt streichen.

Zubereitungszeit: 50 Min.

- Im vorgeheizten Ofen ca. 2 Stunden backen. Im Ofen auskühlen lassen.
- Torte vorsichtig vom Rand lösen, auf einer Platte mit Johannisbeeren und Zitronenmelisse verzieren.
- Mit Puderzucker bestäuben.

EW	Fett	KH	kcal/kJ
4 g	20 g	26 g	350/1463

2 Päckchen Vanillinzucker
1 Prise Salz
5 Eier
750 g Magerquark
250 g Schmand
2 Päckchen Vanille-Puddingpulver
250 g Johannisbeeren
Zum Verzieren:
Zitronenmelisse
Puderzucker

Beschwipste Jogurt-Mascarpone-Torte

- Boden einer Springform mit Backpapier auslegen.
- Knäckebrot fein zerbröseln, mit zerlassener Butter und 4 cl Kirschwasser mischen, Boden der Springform damit auslegen.
- Für die Creme Mascarpone mit Jogurt verrühren, Puderzucker, Zitronensaft und restliches Kirschwasser unterziehen.
- Gelatine nach Packungsanweisung auflösen, unter die Creme ziehen und kalt stellen, bis die Creme zu gelieren beginnt.
- Kirschen waschen, entkernen, unter die Creme heben. Creme auf den Tortenboden streichen und Torte ca. 2 Stunden kalt stellen.

Zutaten:
12 Scheiben Vollkorn-knäckebrot (z. B. Wasa)
100 g Butter
8 cl Kirschwasser
250 g Mascarpone
500 g Vanille-Jogurt
40 g Puderzucker
2 TL Zitronensaft
5 Blatt weiße Gelatine
300 g frische Kirschen

Zubereitungszeit: 40 Min.

EW	Fett	KH	kcal/kJ
17 g	56 g	50 g	780/3276

Flockentorte mit Quark und Erdbeeren

Zutaten:
Für den Mürbeteigboden:
150 g Mehl
1 Eigelb
3 EL Zucker
100 g Butter
Salz
abgeriebene Schale von 1/2 Zitrone (unbehandelt)
1 Päckchen Vanillinzucker
Für den Brandteig:
Fett für die Form
100 g Butter
150 g Mehl
2 EL Speisestärke
4–5 Eier
Für die Füllung:
500 g Quark
2 cl Kirschwasser
1 Vanilleschote
100 g Zucker
8 Blatt weiße Gelatine
200 g Sahne
500 g Erdbeeren
Zum Garnieren:
50 g Mandelblättchen
100 g Sahne
2 TL Puderzucker
1 cl Kirschwasser
250 g Erdbeeren
50 g Vollmilchkuvertüre
1 Päckchen roter Tortenguss
2 EL Zucker

■ Für den Mürbeteigboden Ofen auf 175 Grad vorheizen. Mehl auf eine Arbeitsplatte sieben, in die Mitte eine Vertiefung drücken. Eigelb, Zucker, Butter, 1 Prise Salz, Zitronenschale und Vanillinzucker hineingeben und alles von außen nach innen zu einem glatten Teig verkneten.

■ Teig auf einem gefetteten Springformboden (Durchmesser 26 cm) ausrollen und im vorgeheizten Ofen ca. 10–12 Minuten backen.

■ Für den Brandteig 1/4 l Wasser, 1/2 TL Salz und Butter in einem Topf zum Kochen bringen. Topf von der Herdstelle nehmen, Mehl und Speisestärke hineinsieben und alles mit einem Kochlöffel zu einem glatten Teig verrühren. Teig unter ständigem Rühren erhitzen, bis sich die Masse vom Topf löst und sich zu einem Kloß zusammenballt.

■ Den Teig in eine Schüssel geben und etwas abkühlen lassen. Eier verquirlen und nach und nach gut unter den Teig rühren. So viele Eier zugeben, bis der Teig glänzt und beim Herausziehen des Rührlöffels lange Teigspitzen daran hängen bleiben.

■ Teig in einen Spritzbeutel füllen und einen Boden mit 24 cm Durchmesser und 12 kleine Windbeutel auf ein mit Backpapier belegtes Backblech spritzen. Im vorgeheizten Ofen bei 200 Grad 25–30 Minuten backen.

■ Brandteigboden noch warm quer durchschneiden, bei den Windbeuteln einen Deckel abschneiden und erkalten lassen.

■ Für die Füllung Quark mit Kirschwasser, ausgekratztem Mark der Vanilleschote und Zucker mischen. Gelatine nach Packungsanweisung auflösen und vorsichtig unterrühren. Sahne steif schlagen und unter die Quarkmasse heben.

■ Erdbeeren waschen, putzen und vierteln.

■ Einen Tortenring (26 cm Durchmesser) um den Mürbeteigboden legen, Hälfte der Erdbeeren und 1/3 der Quarkmasse einfüllen. Darauf einen Brandteigboden legen, mit restlichen Erdbeeren bestreuen und dem zweiten Drittel der Quarkmasse bestreichen.

■ Zweiten Brandteigboden auflegen. Restliche Quarkmasse einfüllen und glatt streichen. Flockentorte ca. 2 Stunden kalt stellen. Den Tortenring abnehmen.

■ Zum Garnieren Mandelblättchen in einer heißen Pfanne ohne Fett anrösten, erkalten lassen und Tortenrand damit verzieren.

■ Sahne mit Puderzucker steif schlagen, Kirschwasser unterrühren und in die Windbeutel spritzen.

Flockentorte mit Quark und Erdbeeren (Fortsetzung)

■ Erdbeeren waschen, putzen, drei große Erdbeeren vierteln, restliche Erdbeeren aufrecht in die Mitte der Torte stellen.
■ Kuvertüre im Wasserbad schmelzen, Spitze der Erdbeerviertel hineintauchen, erkalten lassen und auf die Windbeutel legen. Windbeutel auf die Torte setzen.
■ Tortenguss mit Zucker nach Packungsanweisung zubereiten und mit einem Pinsel auf die Erdbeeren streichen.
■ Ergibt 12 Stück.

Zubereitungszeit: 90 Min.

EW	Fett	KH	kcal/kJ
12 g	32 g	45 g	562/2349

Pfirsich-Erdbeer-Törtchen

Zutaten:
Für den Teig:
300 g Mehl
1/2 TL Backpulver
100 g Zucker
1 Ei
100 g Butter oder Margarine
Fett für die Förmchen
Für den Belag:
1 Dose Pfirsiche (850 ml)
2 Kiwis
200 g Erdbeeren
1 Päckchen klarer Tortenguss

Zubereitungszeit: 40 Min.

EW	Fett	KH	kcal/kJ
6 g	13 g	52 g	395/1651

■ Mehl auf eine Arbeitsfläche sieben, in die Mitte eine Vertiefung drücken, Backpulver, Zucker und Ei hineingeben. Butter oder Margarine in Flöckchen auf den Rand setzen und alles von außen nach innen zu einem glatten Teig verkneten. Teig in Folie wickeln und 30 Minuten kalt stellen.
■ Ofen auf 200 Grad vorheizen.
■ Förmchen einfetten und mit Teig auslegen. Im vorgeheizten Ofen 20–25 Minuten backen, abkühlen lassen.
■ Pfirsiche abtropfen lassen und in Spalten teilen, Kiwis schälen und in Scheiben schneiden. Erdbeeren putzen, waschen und halbieren. Obst dekorativ auf den Törtchen anrichten.
■ Tortenguss nach Packungsanweisung zubereiten und Früchte damit überziehen.
■ Ergibt 8 Stück.

Quark-Kirschkuchen vom Blech

Zutaten:
450 g Blätterteig (tiefgekühlt, 10 Scheiben)
4 Eier
1 kg Quark
200 g Zucker
2 EL Zitronensaft
2 EL Rum

■ Blätterteig nach Packungsanweisung auftauen lassen.
■ Ofen auf 200 Grad vorheizen.
■ Teigplatten überlappend zu einem Rechteck zusammenlegen und in der Größe eines Backblechs ausrollen.
■ Backblech mit Wasser abspülen und mit Blätterteig bis zum oberen Rand auslegen. In den Teig mit einer Gabel mehrmals einstechen.
■ Teig im vorgeheizten Ofen 10 Minuten vorbacken.
■ Inzwischen Eier trennen. Eigelb mit Quark, 150 g Zucker, Zitronensaft, Rum und Puddingpulver glatt rühren.

Quark-Kirschkuchen vom Blech (Fortsetzung)

■ Eiweiß mit restlichem Zucker sehr steif schlagen und unter die Quarkmasse heben. Masse auf den vorgebackenen Blätterteig streichen. Ofentemperatur auf 175 Grad reduzieren.
■ Die Kirschen waschen, entsteinen, auf dem Quark verteilen.
■ Quarkkuchen im vorgeheizten Ofen 25–30 Minuten backen.
■ Nach Wunsch mit Puderzucker bestreut servieren.

EW	Fett	KH	kcal/kJ
9 g	13 g	26 g	266/1112

1 Packung Vanillepuddingpulver
1 kg Süßkirschen
Puderzucker nach Belieben

Zubereitungszeit: 45 Min.

Beerentörtchen

■ Mehl auf eine Arbeitsfläche sieben, in die Mitte eine Vertiefung drücken. Zucker, Ei und Backpulver hineingeben, Butter oder Margarine in Flöckchen an den Rand setzen. Alles von außen nach innen zu einem glatten Teig verkneten.
■ Teig in Folie wickeln und ca. 30 Minuten kalt stellen.
■ Ofen auf 200 Grad vorheizen. Acht Torteletttförmchen einfetten und mit Teig auslegen. Im vorgeheizten Ofen (180 Grad) 20–25 Minuten backen.
■ Beeren verlesen, waschen und gut abtropfen lassen.
■ Marzipanrohmasse mit Eigelb und Mandellikör glatt rühren. Masse in die Törtchen streichen und Beeren darauf verteilen.
■ Tortenguss nach Packungsanweisung zubereiten und Obsttörtchen damit überziehen.
■ Nach Wunsch Vanillesauce dazu reichen.
■ Ergibt 8 Stück.

Zutaten:
Für den Teig:
300 g Weizenvollkornmehl
100 g Zucker
1 Ei
1/2 TL Backpulver
100 g Butter oder Margarine
Fett für die Förmchen
Für den Belag:
400 g gemischte Beeren
100 g Marzipanrohmasse
1 Eigelb
1 cl Mandellikör
1 Päckchen klarer Tortenguss
Vanillesauce nach Belieben

Zubereitungszeit: 45 Min.

EW	Fett	KH	kcal/kJ
9 g	13 g	53 g	388/1620

Johannisbeer-Quark-Kuchen mit Baiser

Zutaten:
250 g Quark
1 Prise Salz
6 EL Milch
4 EL Öl
3 Eier
400 g Zucker
1 gestr. EL Backpulver
400 g Mehl
750 g Johannisbeeren
500 g Magerquark
1 Päckchen Vanillepuddingpulver
1 Päckchen Vanillinzucker
50 g zerlassene Butter
4 EL Speisestärke
100 g Mandeln, gehobelt

Zubereitungszeit: 45 Min.

EW	Fett	KH	kcal/kJ
9 g	10 g	45 g	314/1317

■ Quark mit Salz, Milch, Öl, 1 Ei und 100 g Zucker glatt rühren. Backpulver mit Mehl vermischen, unterrühren, den Rest kräftig unterkneten.

■ Teig auf einem mit Backpapier ausgelegten Backblech ausrollen.

■ Johannisbeeren verlesen, waschen, gut abtropfen lassen und entstielen.

■ Restliche Eier trennen. Eiweiß für die Baisermasse beiseite stellen. Quark mit Eigelb, 200 g Zucker, Puddingpulver, Vanillinzucker, Butter und Speisestärke verrühren, die Johannisbeeren unterheben.

■ Masse auf den Teig streichen und den Kuchen im vorgeheizten Ofen bei 200 Grad 40–45 Minuten backen.

■ Eiweiß steif schlagen und 100 g Zucker dabei langsam einrieseln lassen.

■ Baiser gleichmäßig auf dem Kuchen verteilen, mit gehobelten Mandeln bestreuen und alles nochmals 5–10 Minuten backen, bis das Baiser hellbraun ist.

■ Ergibt 20 Stück.

Tipp
Der Kuchen schmeckt auch sehr gut mit entsteinten Kirschen.

Rhabarberkuchen mit Gitter

- Ofen auf 175 Grad vorheizen. Butter oder Margarine, Zucker, Vanillinzucker, Salz und Eier schaumig rühren. Mehl mit Backpulver mischen und esslöffelweise zugeben.
- Rhabarber abfädeln, waschen und gut abtropfen lassen. In etwa 3 cm lange Stücke schneiden.
- Teig auf ein mit Backpapier ausgelegtes Backblech streichen und gleichmäßig mit Rhabarberstücken belegen. Im vorgeheizten Ofen (180 Grad) ca. 35 Minuten backen.
- Eiweiß steif schlagen, dabei Zucker langsam einrieseln lassen. Eischnee in einen Spritzbeutel füllen und gitterförmig auf den vorgebackenen Rhabarberkuchen spritzen.
- Bei 200 Grad weitere 10 Minuten backen, bis das Baiser leicht gebräunt ist.
- Ergibt 20 Stück.

Zutaten:
Für den Teig:
200 g Butter oder Margarine
100 g Zucker
1 Päckchen Vanillinzucker
1 Prise Salz
2 Eier
375 g Mehl
2 gestr. EL Backpulver
1,5 kg Rhabarber
Für das Baiser:
4 Eiweiß
150 g Zucker

Zubereitungszeit: 45 Min.

EW	Fett	KH	kcal/kJ
4 g	5 g	30 g	177/740

Tipp
Wer zu Rheuma, Gicht oder Nierensteinen neigt, sollte auf Rhabarber verzichten.

Mürbekuchen mit Erdbeerbelag

Zutaten:
Für den Teig:
200 g Mehl
100 g Butter
1 Ei
1/2 TL Backpulver
2 EL Zucker
1 Prise Salz
Mehl zum Ausrollen
Butter für die Form
Für den Belag:
100 g Zucker
500 g Erdbeeren

Zubereitungszeit: 50 Min.

EW	Fett	KH	kcal/kJ
3 g	8 g	27 g	191/796

Tipp
Kuchen mit Schlagsahne servieren.

- Mehl, Butter in Flocken, Ei, Backpulver, Zucker und Salz verrühren und zu einem festen Teig verarbeiten. Teig in Frischhaltefolie wickeln und mindestens 1 Stunde im Kühlschrank ruhen lassen.
- Ofen auf 200 Grad vorheizen.
- Teig auf bemehlter Arbeitsfläche ausrollen. Springformboden darauf drücken und einen Kreis aus Teig ausschneiden. Teig auf den gut eingefetteten Springformboden legen.
- Aus Teigresten kleine Röllchen formen, Kuchen damit in Felder, z. B. Viertel, unterteilen und einen Rand legen. Rand der Springform schließen. Kuchen dicht mit Zucker bestreuen und Boden im vorgeheizten Ofen 20 Minuten backen.
- Während der Kuchen im Backofen ist, Erdbeeren waschen und gut abtropfen lassen.
- Abgekühlten Kuchen aus der Springform nehmen und auf eine Kuchenplatte legen. Felder des Kuchens mit gewaschenen, halbierten Erdbeeren belegen.

Quarkkuchen mit Früchten

- Mehl auf eine Arbeitsfläche geben. In die Mitte eine Vertiefung drücken. 100 g Butter in Stückchen, 50 g Zucker, 1 Eigelb und 2 EL kaltes Wasser hineingeben.
- Alle Zutaten mit einem großen Messer durchhacken, so dass sich feuchte und trockene Teile verbinden. Teig mit den Händen schnell zusammenkneten. In Folie wickeln und 30 Minuten in den Kühlschrank legen. Teig einmal kurz durchkneten und etwas größer als eine Pieform (Durchmesser 25 cm) ausrollen.
- Teig in die leicht gebutterte Form geben, Rand hochdrücken und sauber abschneiden. In den Teig mit einer Gabel mehrmals einstechen.
- Für die Quarkmasse 50 g Butter, 50 g Zucker, Vanillinzucker und 2 Eigelb schaumig rühren. Quark und Grieß zufügen und verrühren.
- Eiweiß steif schlagen, 50 g Zucker einrieseln lassen. Eischnee unterheben. Quarkmasse auf dem Mürbeteig gleichmäßig verteilen.
- Im vorgeheizten Backofen bei 175–180 Grad 60–70 Minuten backen, auskühlen lassen.
- Früchte vorsichtig abspülen, verlesen und auf dem Kuchen verteilen. Tortenguss nach Anweisung mit Saft und 2 EL Zucker anrühren, über die Früchte geben.
- Mit Pistazien und Puderzucker garnieren.

Zutaten:
200 g Mehl
150 g Butter
150 g Zucker
3 Eier, getrennt
Butter für die Form
1 Päckchen Vanillinzucker
2 Eier, getrennt
500 g Magerquark
2 EL Grieß
500 g gemischte Früchte (Erdbeeren, Himbeeren, Johannisbeeren, Brombeeren)
1 Päckchen roter Tortenguss
1/4 l roter Johannisbeersaft
2 EL Zucker
1 EL Pistazien, gehackt
Puderzucker zum Bestäuben

Zubereitungszeit: 50 Min.

EW	Fett	KH	kcal/kJ
21 g	26 g	98 g	718/3016

Pfirsichtorte mit Pistaziencreme

Zutaten:
350 g Butter
250 g Zucker
abgeriebene Schale von 1 Zitrone (unbehandelt)
3 Eier
195 g Speisestärke
150 g Mehl
1 gestr. TL Backpulver
Fett für die Form
80 g Pistazienkerne
1/2 l Milch
1 TL Vanillinzucker
3–4 reife Pfirsiche

Zubereitungszeit: 45 Min.

EW	Fett	KH	kcal/kJ
4 g	17 g	37 g	330/1382

■ 200 g weiche Butter in eine Schüssel geben, cremig rühren. 150 g Zucker, Zitronenschale und nach und nach Eier unterrühren. 150 g Speisestärke, Mehl und Backpulver mischen, auf die Creme geben und alles mit einem Handrührgerät auf höchster Schaltstufe in 2 Minuten gut verrühren.

■ Eine Springform (26 cm Durchmesser) am Boden fetten, Teig einfüllen und im vorgeheizten Ofen bei 175–200 Grad 20–30 Minuten backen.

■ Torte auskühlen lassen, aus der Form nehmen und in 2 oder 3 Platten teilen. Für die Pistaziencreme Hälfte der Pistazien fein mahlen.

■ Für den Flammeri 45 g Speisestärke mit 4 EL Milch anrühren.

■ Restliche Milch, 100 g Zucker und Vanillinzucker zum Kochen bringen. Topf von der Kochstelle nehmen. Angerührte Speisestärke dazugießen, Topf wieder auf den Herd stellen und kurz aufkochen lassen. Flammeri erkalten lassen; ab und zu umrühren, damit sich keine Haut bildet.

■ 150 g Butter schaumig rühren, nach und nach abgekühlten Flammeri zusammen mit den Pistazien einrühren.

■ Tortenplatten mit Pistaziencreme bestreichen (am Rand 1 cm frei lassen) und zusammensetzen. Torte außen mit Creme bestreichen.

■ Pfirsiche überbrühen, häuten, halbieren, entsteinen, in Scheiben schneiden. Torte damit belegen und mit restlichen gehackten Pistazien bestreuen.

■ Ergibt 16 Stück.

Stachelbeertörtchen mit Crème-fraîche-Guss

Zutaten:
60 g Speisestärke
100 g Mehl, 2 Eier
80 g Zucker, 75 g Butter
Mehl für die Arbeitsfläche
Fett für die Form
je 150 g grüne und rote Stachelbeeren
100 g Crème fraîche
evtl. 2 EL Weißwein
Puderzucker zum Bestäuben

Zubereitungszeit: 45 Min.

■ 50 g Speisestärke und Mehl in eine Schüssel geben. 1 Ei, 50 g Zucker und weiche Butter darauf geben. Alles mit dem Handrührgerät auf niedriger Schaltstufe verkneten und kalt stellen.

■ Teig auf bemehlter Arbeitsfläche dünn ausrollen und gefettete kleine runde Backförmchen (7 cm Durchmesser) damit auskleiden. In den Teigböden mit einer Gabel mehrmals einstechen.

■ Die Stachelbeeren waschen, trockentupfen und in die Förmchen verteilen.

■ Für den Guss Crème fraîche mit 1 Ei, restlichem Zucker, evtl. Weißwein und restlicher Speisestärke verrühren; in die Förmchen gießen. Im vorgeheizten Ofen bei 175–200 Grad 20–30 Minuten backen.

■ Törtchen abkühlen lassen, aus den Förmchen lösen, mit Puderzucker bestäuben.

EW	Fett	KH	kcal/kJ
4 g	15 g	32 g	285/1193

Bowlen und Drinks – mit und ohne Alkohol

Sommerbowle (16 Gläser – mit Alkohol – Abb. S. 75)

Zutaten:
1/2 l Aprikosennektar
1/2 l Kirschsaft
1 Banane
1 kleine Ananas
1 Pfirsich, 2 Mangos
1 Orange
1 kleine Melone
100 g Zucker
6 cl weißer Rum
2 Flaschen Weißwein (à 3/4 l)
1 Flasche Sekt (3/4 l)

Zubereitungszeit: 30 Min.

EW	Fett	KH	kcal/kJ
3 g	4 g	98 g	229/959

■ Fruchtsaft in Eiskugelbeutel füllen und im Eisfach gefrieren lassen.
■ Obst schälen, Ananas und Banane in Scheiben schneiden, Pfirsich mit heißem Wasser überbrühen und häuten, Mangos schälen, Fruchtfleisch mit einem kleinen Messer vom Kern lösen. Die Orange filetieren und aus der Melone Kugeln ausstechen.
■ Mit Zucker und Rum sowie einer Flasche Wein in ein Bowlengefäß geben und mindestens 2 Stunden im Kühlschrank ziehen lassen.
■ Kurz vor dem Verzehr die Eiskugeln, die zweite Flasche Wein und den gut gekühlten Sekt dazugeben.

Kühlzeit: 2–3 Std.

Aprikosen-Flip (1 Glas – ohne Alkohol)

Zutaten:
2 Aprikosen
150 ml Milch
1/2 TL Vanillinzucker
Aprikosenspalte nach Belieben

Zubereitungszeit: 30 Min.

EW	Fett	KH	kcal/kJ
6 g	2 g	21 g	134/561

■ Aprikosen vierteln und mit Milch und Vanillinzucker im Mixer gut pürieren.
■ Nach Wunsch mit einer Aprikosenspalte garnieren. Kalt servieren.

Tipp
Schmeckt auch lecker mit Pfirsichen und etwas Jogurt. Man kann den Flip auch mit Früchten aus der Dose zubereiten.

Erdbeer-Vanille-Drink (1 Glas – ohne Alkohol)

- Erdbeeren putzen, kurz waschen, trockentupfen und mit Jogurt im Mixer gut verquirlen. Mit dem Vanillinzucker abschmecken.
- Eiskalt servieren.

Tipp
Zum Durstlöschen mixt man etwas Milch darunter.

Zutaten:
75 g Erdbeeren
100 g Jogurt
2 TL Vanillinzucker

Zubereitungszeit: 30 Min.

EW	Fett	KH	kcal/kJ
4 g	2 g	14 g	92/385

Aprikosenshake (4 Gläser – ohne Alkohol)

- Aprikosen waschen, entsteinen und grob zerkleinern.
- Zusammen mit Jogurt und Weizenkeimen in die Milch geben und alles mit einem Pürierstab fein pürieren.
- Aprikosenmilch mit Vanillinzucker süßen und in 4 Longdrinkgläser umfüllen.
- Glasränder befeuchten und mit Weizenkeimen garnieren.
- Kühl servieren.

Tipp
Den Shake kann man auch mit Aprikosen aus der Dose zubereiten.

Zutaten:
10 Aprikosen (200 g)
300 g Jogurt
12 EL Weizenkeime
1/2 l Milch
2 EL Vanillinzucker
Weizenkeime zum Garnieren

Zubereitungszeit: 30 Min.

EW	Fett	KH	kcal/kJ
14 g	9 g	30 g	261/1091

Pfirsichbowle (15 Gläser – mit Alkohol)

Zutaten:
2 kg reife Pfirsiche
125 g brauner Zucker
100 g weißer Zucker
4 cl Weinbrand
2 Flaschen Weißwein (à 3/4 l)
2 Flaschen Sekt (à 3/4 l)
Melisseblättchen nach Belieben

■ Pfirsiche einritzen, mit kochendem Wasser überbrühen und die Haut abziehen. Die Früchte in Spalten schneiden und in ein Bowlengefäß geben.

■ Zucker, Weinbrand und eine Flasche Wein zugeben und die Früchte 2–3 Stunden an einem kühlen Ort ziehen lassen.

EW	Fett	KH	kcal/kJ
1 g	0 g	40 g	296/1244

■ Vor dem Servieren den restlichen eisgekühlten Wein und Sekt angießen. Nach Wunsch mit Melisseblättchen garniert servieren.

Zubereitungszeit: 20 Min.
Kühlzeit: 2–3 Std.

Erdbeer-Himbeer-Smoothie (4 Gläser – ohne Alkohol)

■ Erdbeeren und Himbeeren putzen und waschen. Mit Vanillinzucker, Zucker und Vanilleeis pürieren. Mit Zitronensaft abschmecken und in 4 Gläser füllen.

Tipp
Erdbeer-Himbeer-Smoothies nach Wunsch mit einer Erdbeere garnieren und eiskalt servieren.

Zutaten:
400 g Erdbeeren
100 g Himbeeren
1 Päckchen Vanillinzucker
60 g Zucker
250 g Vanilleeis
Saft von 1/2 Zitrone

Zubereitungszeit: 30 Min.

Alk	Fett	KH	kcal/kJ
3 g	4 g	44 g	225/940

Sparkling Peach Tea (4 Gläser – mit Alkohol)

■ Pfirsiche waschen. 4 Pfirsichschnitze abschneiden, restliche Pfirsiche schälen und grob zerkleinern.
■ Pfirsichstücke mit Limettensaft pürieren, zuckern, mit Wodka shaken.
■ In 4 Gläser mit Eiswürfeln verteilen, mit Ice Tea und Sekt auffüllen. Mit den Pfirsichschnitzen garnieren.

Tipp
Besonders hübsche Eiswürfel erhält man durch dekorative Eiswürfelformen, wobei man das Wasser durch Zugabe von Sirup unterschiedlich färben kann.

Zutaten:
4 große Pfirsiche
Saft von 1 Limette
30 g Zucker
3 cl Wodka
Eiswürfel
1/2 l Ice Tea Pfirsich (Fertigprodukt)
1/2 l trockener Sekt

Zubereitungszeit: 45 Min.

EW	Fett	KH	kcal/kJ
1 g	0 g	24 g	195/821

Brombeerlikör (1 Flasche à 750 ml – mit Alkohol)

Zutaten:
200 g reife Brombeeren
150 g weißer Kandis
1 Zimtstange
3/4 l Korn

Zubereitungszeit: 15 Min.

EW	Fett	KH	kcal/kJ
14 g	9 g	30 g	261/1091

- Brombeeren waschen, gut abtropfen lassen und mit Kandis und Zimtstange in eine ausreichend große, vorbereitete Flasche mit weitem Flaschenhals füllen.
- Korn angießen und mindestens 6–8 Wochen durchziehen lassen, möglichst dunkel, kühl und trocken lagern.
- Anschließend durch ein Sieb passieren/filtern.
- Likör in eine andere vorbereitete Flasche füllen, gut verschließen und noch einige Wochen ruhen lassen.

Tipp
1 Gläschen Brombeerlikör mit Sekt aufgießen – ergibt einen herrlich erfrischenden Longdrink!

Kinderbowle (4 Gläser – ohne Alkohol)

Zutaten:
2 Kiwis
150 g Erdbeeren
1/2 l Fanta Orange, eisgekühlt
1/2 l Sprite, eisgekühlt
2 Limetten
Zitronenmelisse

Zubereitungszeit: 20 Min.

Alk	Fett	KH	kcal/kJ
0 g	0 g	35 g	147/618

- Kiwis schälen, längs halbieren und in Scheiben schneiden. Erdbeeren waschen, putzen und vierteln.
- Früchte in eine Karaffe geben und mit eisgekühlter Fanta und Sprite auffüllen.
- Limetten auspressen und den Saft vorsichtig unterrühren.
- Bowle in Bowlengläser gießen, mit Zitronenmelisse dekorieren und sofort kalt servieren.

Bavarian-Cup (4 Gläser – mit Alkohol)

- Erdbeeren in Stücke teilen, mit Zucker bestreuen und mit Weißwein aufgießen.
- Nach 1 Stunde Bier hinzugeben und sofort in 2 Sektgläsern eiskalt servieren.

Zubereitungszeit: 20 Min.

Alk	Fett	KH	kcal/kJ
16 g	0 g	20 g	203/855

Zutaten:
10 Erdbeeren
2 EL Zucker
200 ml Weißwein
300 ml Bier

Sauerkirschdrink Red Balloon (1 Glas – ohne Alkohol)

Zutaten:
75 g Sauerkirschen
1 EL Weizenkeime
150 g Jogurt
Zucker
evtl. Kirschen zum Garnieren

Zubereitungszeit: 10 Min.

EW	Fett	KH	kcal/kJ
8 g	3 g	15 g	124/519

■ Sauerkirschen waschen und entsteinen. Den Großteil der Weizenkeime mit dem Jogurt im Mixer gut verquirlen. Mit Zucker süßen und den Drink in ein Stielglas geben.

■ Mit den restlichen Weizenkeimen bestreuen und kühl servieren. Dabei den Glasrand evtl. mit Kirschen garnieren.

Erdbeershake

(1 Glas – ohne Alkohol)

Zutaten:
100 g Erdbeeren
100 ml Milch
1 EL Zitronensaft
Zucker

Zubereitungszeit: 10 Min.

■ Erdbeeren waschen, putzen und mit Milch im Mixer gut verquirlen. Mit Zitronensaft und Zucker abschmecken. Gut gekühlt servieren.

EW	Fett	KH	kcal/kJ
8 g	3 g	16 g	129/540

Himbeershake (1 Glas – ohne Alkohol)

Zutaten:
100 g Himbeeren
100 ml Buttermilch
1 EL zarte Haferflocken
Zitronensaft

Zubereitungszeit: 10 Min.

■ Himbeeren waschen, putzen und mit Buttermilch und Haferflocken im Mixer verquirlen. Mit etwas Zitronensaft abschmecken. Gut gekühlt servieren.

EW	Fett	KH	kcal/kJ
10 g	3 g	19 g	154/644

Fitnessdrink mit Waldbeeren (1 Glas – ohne Alkohol)

- Die Früchte waschen und putzen. Mit Jogurt im Mixer gut pürieren und mit Zucker süßen.
- Kalt servieren.

Zubereitungszeit: 10 Min.

Zutaten:
100 g Waldbeeren (Erdbeeren, Brombeeren, Heidelbeeren etc.)
150 g Jogurt
1 TL Zucker

EW	Fett	KH	kcal/kJ
6 g	3 g	16 g	120/502

Kiwi-Erdbeer-Bowle

(10 Gläser – mit Alkohol)

Zutaten:
3 Kiwis
200 g Erdbeeren
1 EL Zucker
2 cl Weinbrand
1 Flasche Weißwein
1 Flasche trockener Sekt

Zubereitungszeit: 15 Min.

Alk	Fett	KH	kcal/kJ
15 g	0 g	6 g	136/572

- Kiwis schälen und in Scheiben schneiden. Erdbeeren waschen, putzen und halbieren.
- Kiwis und Erdbeeren mit Zucker und Weinbrand in ein Bowlengefäß geben und 1/2 Flasche Weißwein zugießen. 2 Stunden durchziehen lassen.
- Restlichen Wein und Sekt aufgießen und gut gekühlt servieren.

Himbeer-Pfirsich-Drink „Marathon" (4 Gläser – ohne Alkohol)

Zutaten:
4 große Pfirsiche
150 g Himbeeren (frisch oder tiefgekühlt)
300 g fettarmer Jogurt
12 EL Weizenkeime
1/2 l Vollmilch
4 EL Vanillinzucker

Zubereitungszeit: 15 Min.

EW	Fett	KH	kcal/kJ
16 g	10 g	37 g	307/1286

- Pfirsiche und Himbeeren waschen, putzen bzw. evt. auftauen lassen.
- 4 Pfirsichschnitze abschneiden, restliche Pfirsiche schälen und grob zerkleinern.
- Pfirsichstücke, Himbeeren, Jogurt, Weizenkeime und Milch mit dem Pürierstab fein pürieren.
- Den Himbeer-Pfirsich-Drink mit Vanillinzucker süßen und in 4 Stielgläser umfüllen.
- Mit Pfirsichschnitzen garnieren und kühl servieren.

Tipp
Natürlich kann man diesen gesunden Drink auch mit Pfirsichen aus der Dose zubereiten.

Heidelbeermilch Summertime (1 Glas – ohne Alkohol – Abb. rechts))

■ Heidelbeeren putzen und waschen, mit Buttermilch und Vanillezucker im Mixer gut verquirlen.
■ Mit Heidelbeersirup garnieren. Gut gekühlt servieren.

Zubereitungszeit: 10 Min.

EW	Fett	KH	kcal/kJ
6 g	1 g	15 g	103/431

Zutaten:
100 g Heidelbeeren
150 ml Buttermilch
1 TL Vanillezucker
Heidelbeeren mit Rispe zum Garnieren

Johannisbeerdrink „Triathlon" (1 Glas – ohne Alkohol – Abb. links)

■ Johannisbeeren putzen und waschen, mit Milch und Weizenkeimen im Mixer gut verquirlen. Mit Zucker abschmecken.
■ Gut gekühlt servieren.

Zubereitungszeit: 10 Min.

EW	Fett	KH	kcal/kJ
8 g	2 g	14 g	114/477

Zutaten:
75 g rote Johannisbeeren
150 ml Milch
1 EL Weizenkeime
Zucker

Rumtopf

Zutaten:
500 g Erdbeeren
500 g Süßkirschen
500 g Aprikosen
500 g Pfirsiche
500 g Sauerkirschen
500 g Mirabellen
500 g Pflaumen
500 g Birnen, wenig Zuckerlösung
500 g helle und dunkle Weintrauben
500 g frische Ananas
ca. vier halbe Flaschen Rum (54 %)
ca. 1 kg Zucker

■ Erdbeeren waschen, entstielen, halbieren und vierteln, Süßkirschen waschen, entsteinen, Aprikosen und Pfirsiche waschen, halbieren, entsteinen, 1 1/2 Minuten in kochendes Wasser legen (nicht kochen lassen), enthäuten, in Stücke schneiden.

■ Sauerkirschen waschen, entstielen, entsteinen, Mirabellen waschen, kleine Früchte ganz lassen, große halbieren, entsteinen, Pflaumen waschen, entstielen, entsteinen, häuten, Birnen schälen, waschen, vierteln oder achteln, entkernen, die Birnenstücke in wenig Zuckerlösung weich dünsten, abtropfen und erkalten lassen. Weintrauben waschen, halbieren, entkernen, Ananas schälen, in Stücke schneiden.

■ Der Jahreszeit entsprechend die Früchte in ein vorbereitetes 7-l-Gefäß, das verschlossen werden kann, geben. Je 1/2 Flasche Rum (350 ccm) mit 250 g Zucker verrühren, über die Früchte gießen, der Flüssigkeitsspiegel muss immer 1 cm hoch über den Früchten stehen (diese am besten mit einem Glasteller beschweren).

■ Den Rumtopf mit Einmachfolie zubinden, kühl und dunkel aufbewahren, bei jeder Fruchtzugabe vorsichtig durchrühren. Fertig als Beigabe zu Eis- und Cremespeisen verwenden.

Früchte für den Rumtopf

■ Von Mai–Juni: 750 g Erdbeeren, 275 g Zucker, 1-l-Flasche 54%iger oder 1/2-l-Flasche 80%iger Rum.

■ Von Juni–Juli: 250 g vorbereitete, entsteinte, mit 100 g Zucker gesüßte Süß- und Sauerkirschen.

■ Von Juli–August: 500 g ausgesuchte, wenig gesüßte Himbeeren und 250 g Brombeeren, nach Geschmack gesüßt. 1/2 geschälte, von den Kernen befreite und in Würfel geschnittene, kaum gesüßte Honigmelone, 750 g saftige, nicht zu weiche, geschälte, entsteinte, klein geschnittene und nach Geschmack gesüßte Aprikosen oder Pfirsiche.

■ Von August–September: Evtl. 1/2 Flasche Rum nachgießen. 500 g entkernte und nach Belieben gesüßte, möglichst auch geschälte Zwetschgen, Mirabellen oder Renekloden.

■ Von September–Oktober: 1/2 frische, geschälte und in kleine Würfel geschnittene Ananas.

■ Von Oktober–November: 4 Wochen nach Zugabe der letzten Frucht noch 1/2 Flasche Rum zugießen.

Marmeladen, Konfitüren & Co.

Kaltgerührte Pfirsichkonfitüre (Abb. S. 87)

Zutaten:
600 g Pfirsiche
Saft von 1 Zitrone
500 g Gelierzucker
200 g Johannisbeeren

■ Pfirsiche mit kochendem Wasser überbrühen, häuten und entsteinen.

■ Fruchtfleisch in kleine Stücke schneiden und mit Zitronensaft und Gelierzucker verrühren. Konfitüre mit dem Schneebesen des Handrührgerätes 3-mal ca. 5 Minuten rühren.

■ Johannisbeeren waschen, abzupfen und unter die Konfitüre rühren. Pfirsichkonfitüre in Gläser füllen und dann gut verschließen.

EW	Fett	KH	kcal/kJ
7 g	1 g	563 g	2317/9865

Zubereitungszeit: 30 Min.
Haltbarkeit: gekühlt ca. 1 Monat

Erdbeer-Rhabarber-Konfitüre mit Rum

Zutaten:
600 g Erdbeeren
400 g Rhabarber (beides geputzt gewogen)
Saft und abgeriebene Schale einer Limette (unbehandelt)
1 kg Gelierzucker
ca. 50 ml Rum

Zubereitungszeit: 30 Min.

EW	Fett	KH	kcal/kJ
10 g	23 g	45 g	427/1793

■ Erdbeeren und Rhabarber (evtl. schälen) klein würfeln und mit Limettensaft und -schale sowie Gelierzucker in einem großen Topf gut mischen. Unter gelegentlichem Rühren zum Kochen bringen, 4 Minuten unter Rühren sprudelnd kochen lassen, dann evtl. abschäumen.

■ Sofort in heiß ausgespülte Twist-off-Gläser füllen, je 1–2 TL Rum darauf verteilen und fest verschließen.

Tipp
In der Schale der Rhabarberstangen sitzt die rote Farbe, daher möglichst nicht schälen.

Kompott aus blauen und gelben Pflaumen

■ Pflaumensorten waschen, halbieren oder vierteln, entsteinen und in Einmachgläser schichten.

■ Weißwein mit Kandis und 300 ml Wasser aufkochen, bis sich der Kandis gelöst hat. Likör einrühren und Flüssigkeit über die Pflaumen gießen.

■ Pro Glas 1 Msp. Einmachhilfe einstreuen. Gläser mit Deckel und Einmachring verschließen. In der Fettpfanne auf der untersten Schiene in den Backofen schieben, so viel heißes Wasser angießen, dass die Gläser ca. 2 cm hoch darin stehen.

■ Die Gläser bei 175 Grad einkochen; die Kochzeit von 30 Minuten beginnt, wenn in allen Gläsern Luftbläschen aufsteigen. Gläser herausnehmen, 5 Minuten auf den Kopf stellen, abkühlen lassen und die Verschlüsse überprüfen.

Zutaten:
500 g blaue Pflaumen
500 g gelbe Pflaumen (Renekloden)
1 l Weißwein
100 g weißer Kandis
50 ml Mandellikör
1 Päckchen Einmachhilfe

Zubereitungszeit: 45 Min.

EW	Fett	KH	kcal/kJ
11 g	43 g	19 g	511/2146

Brombeer-Holunder-Apfel-Gelee

Zutaten:
500 g Brombeeren
400 g Holunderbeeren
400 g Äpfel
Saft von einer Zitrone
1 kg Gelierzucker

Zubereitungszeit: 30 Min.

EW	Fett	KH	kcal/kJ
10 g	23 g	45 g	427/1793

- Brombeeren verlesen, waschen und mit 125 ml Wasser einmal aufkochen. Auf einem Safttuch oder Sieb abtropfen lassen, dann 375 ml Saft abmessen.
- Holunderbeeren waschen und von den Stielen streifen. Äpfel waschen, entkernen und klein schneiden. Holunderbeeren und Äpfel mit 125 ml Wasser aufkochen, einige Minuten köcheln lassen, bis die Apfelstückchen weich sind und die Beeren Saft ziehen.
- Dann ebenfalls auf einem Sieb oder Safttuch abtropfen lassen und 375 ml Saft abmessen. (Ersatzweise Brombeeren im Dampfentsafter entsaften und 375 ml abmessen. Holunder mit Äpfeln ebenfalls im Dampfentsafter entsaften und 375 ml Saft abmessen.)
- Beide Säfte mit Zitronensaft und Gelierzucker in einem großen Topf mischen und zum Kochen bringen.
- 4 Minuten unter Rühren sprudelnd kochen lassen und sofort in heiß ausgespülte Twist-off-Gläser füllen. Fest verschließen und 5 Minuten auf den Deckel gewendet stehen lassen.

Himbeer-Schoko-Konfitüre

Zutaten:
1 kg Himbeeren
500 g Gelierzucker
2 EL Himbeergeist
100 g Zartbitter-Schokoflocken

Zubereitungszeit: 45 Min.

EW	Fett	KH	kcal/kJ
11 g	43 g	19 g	511/2146

■ Himbeeren verlesen, nur wenn nötig waschen. Mit Gelierzucker in einem großen Topf mischen und zum Kochen bringen. 4 Minuten unter Rühren sprudelnd kochen lassen, dann vom Herd nehmen und Himbeergeist und Schokoflocken unterrühren.

■ Konfitüre sofort in heiß ausgespülte Twist-off-Gläser füllen, fest verschließen und 5 Minuten auf den Deckel gewendet stehen lassen.

Pfirsich-Ananas-Chutney

■ Pfirsiche und Ananas fein würfeln, mit Kokosflocken, Essig, Orangensaft oder Kokoslikör und Gelierzucker in einen Topf geben und mit Currypulver, Salz, Pfeffer und Paprikapulver pikant würzen.

■ Bei großer Flamme unter Rühren zum Kochen bringen, 10 Minuten köcheln lassen und dabei häufig umrühren.

■ Chutney sofort bis zum Rand in gründlich gesäuberte Twist-off-Gläser füllen, verschließen, umdrehen und ca. 5 Minuten stehen lassen, damit auch der Deckel keimfrei gemacht wird.

Zubereitungszeit: 45 Min.

EW	Fett	KH	kcal/kJ
6 g	9 g	332 g	1443/6134

Zutaten:
300 g Pfirsich, geputzt gewogen
400 g Ananas, geputzt gewogen
2 EL Kokosflocken
200 ml Weißweinessig
5 cl Orangensaft oder Kokoslikör
250 g Gelierzucker
2 TL Currypulver, Salz
grober Pfeffer
Paprikapulver

Brombeermarmelade

Zutaten:
1 kg Brombeeren
1 kg Gelierzucker
Saft und Schale einer Zitrone (unbehandelt)

Zubereitungszeit: 30 Min.

EW	Fett	KH	kcal/kJ
10 g	23 g	45 g	427/1793

- Brombeeren waschen, putzen, mit dem Zucker vermischen und über Nacht ziehen lassen.
- Den Zitronensaft und die -schale zu den Beeren geben, alles kurz aufkochen lassen und die Schale entfernen.
- Die heiße Marmelade in vorbereitete Gläser füllen, fest verschließen und 5 Minuten auf den Deckel stellen.

Erdbeer-Sekt-Konfitüre

Zutaten:
750 g Erdbeeren, geputzt gewogen
250 ml trockener Sekt
500 g Gelierzucker

Zubereitungszeit: 30 Min.

EW	Fett	KH	kcal/kJ
10 g	23 g	45 g	427/1793

- Erdbeeren putzen, entstielen und klein würfeln. Mit Sekt und Gelierzucker in einem großen Kochtopf gut mischen und unter gelegentlichem Umrühren bei starker Hitze zum Kochen bringen.
- Unter Rühren 4 Minuten sprudelnd kochen lassen, dann nach Bedarf abschäumen.
- Sofort randvoll in heiß ausgespülte Twist-off-Gläser füllen, fest verschließen und 5 Minten auf den Deckel gewendet stehen lassen.

Minz-Himbeer-Gelee

■ Minzeblättchen abzupfen, kalt abspülen und mit 150 ml kochendem Wasser überbrühen. Mindestens eine Stunde ziehen lassen.

■ Dann durch ein Sieb gießen und mit Himbeersaft, Sekt und Gelierzucker in einem großen Topf mischen. Zum Kochen bringen und 4 Minuten unter Rühren sprudelnd kochen lassen.

■ Gelee sofort in heiß ausgespülte Twist-off-Gläser füllen und fest verschließen. 5 Minuten auf den Deckel gewendet stehen lassen.

Zubereitungszeit: 45 Min.

Zutaten:
50 g Pfefferminze
400 ml Himbeersaft
500 ml Sekt
1,3 kg Gelierzucker

EW	Fett	KH	kcal/kJ
1 g	0 g	171 g	733/3111

Erdbeer-Melonen-Konfitüre

■ Erdbeeren und Melonen in kleine Stücke schneiden. Mit Gelierzucker und Zitronensäure in einem großen Topf gut vermischen und auf großer Flamme unter ständigem Rühren zum Kochen bringen.

■ Unter ständigem Rühren genau drei Minuten sprudelnd kochen lassen, dann vom Feuer nehmen und nach Bedarf abschäumen.

■ Konfitüre sofort bis zum Rand in gründlich gesäuberte Twist-off-Gläser füllen, verschließen, sofort umdrehen und ca. 5 Minuten stehen lassen.

Zutaten:
750 g Erdbeeren, geputzt gewogen
500 g Zuckermelonen, geputzt gewogen
500 g Gelierzucker
1 Päckchen Zitronensäure (= 5 g)

Zubereitungszeit: 45 Min.

EW	Fett	KH	kcal/kJ
11 g	43 g	19 g	511/2146

Vier-Beeren-Marmelade

Zutaten:
400 g Stachelbeeren, vorbereitet gewogen
350 g rote Johannisbeeren, vorbereitet gewogen
200 g Erdbeeren, vorbereitet gewogen
300 g Himbeeren, vorbereitet gewogen
500 g Gelierzucker
1/4 l Orangensaft
3 cl Cassis

■ Stachelbeeren waschen, Blüten und Stielansätze entfernen. Johannisbeeren waschen und von den Rispen streifen. Erdbeeren und Himbeeren waschen und putzen.

■ Früchte, Gelierzucker, Orangensaft und Cassis mischen und zum Kochen bringen, nach Wunsch pürieren und vier Minuten kochen lassen.

■ Heiße Marmelade in saubere Gläser füllen und sofort verschließen.

■ Gläser umdrehen und 5 Minuten stehen lassen, damit auch der Deckel keimfrei gemacht wird.

Zubereitungszeit: 30 Min.

EW	Fett	KH	kcal/kJ
14 g	4 g	592 g	2535/10774

Apfelkücherl 28
Apfelschmarren mit Kirschen 24
Aprikosen mit Erdbeerschaum 47
Aprikosen-Flip 76
Aprikosenshake 77

Bavarian Cup 81
Beerenkaltschale mit gefüllten Blätterteig-Käse-Halbmonden 46
Beerentörtchen 69
Beerentorte halb und halb 63
Beschwipste Jogurt-Mascarpone-Torte 65
Beschwipster Pflaumen-Biskuit-Auflauf 17
Birnen im Teigmantel mit Heidelbeerpüree und Vanillesauce 33
Brombeer-Holunder-Apfel-Gelee 90
Brombeerlikör 80
Brombeermarmelade 92
Bunte Obstteilchen-Landschaft 58
Eierkuchen mit Kirschen 20
Erdbeer-Buttermilch-Törtchen mit Pfirsichsauce 47
Erdbeeren mit Pfeffercreme 40
Erdbeer-Himbeer-Smoothie 79
Erdbeer-Kefir-Gelee mit Früchten und Eierlikörsauce 50
Erdbeerkuchen 60
Erdbeer-Melonen-Konfitüre 93
Erdbeerpfannkuchen mit Nougat 22
Erdbeer-Rhabarber-Konfitüre mit Rum 88
Erdbeersauce 52
Erdbeer-Sekt-Konfitüre 92
Erdbeershake 82
Erdbeer-Vanille-Drink 77
Erdbeer-Vanille-Quarkcreme 43
Feine Crêpe-Früchtebecher 28
Festliche Himbeereistorte 57
Festtagstorte mit frischen Erdbeeren 55
Fitnessdrink mit Waldbeeren 81
Flambierte Crêpes 37
Flambierter Obstsalat 45
Flockentorte mit Quark und Erdbeeren 66
Frische Fruchtkugeln 48
Früchtebecher „Sommertraum" 43
Früchte-Eierkuchen 16
Fruchtige Käsetorte 61
Gefüllte Blaubeercrêpes 26
Gefüllte Crêpes auf Himbeerschaum 31
Gefüllte Crêpes mit Ingwer-Kirschsauce 38
Gemischte Früchte 41
Glasierte Schupfnudeln in Mandelsauce 32
Gratinierte Aprikosen mit aromatischer Käsefüllung 34
Grießnockerl mit Erdbeeren 41
Hefeklöße mit buntem Obst 18
Heidelbeermilch Summertime 85
Heidelbeer-Pfannkuchen mit Ahornsirup 20
Heiße Himbeersauce 51
Heiße Hollunderrsauce 52
Himbeer-Blätterteig-schnitten mit Sektcreme 59
Himbeer-Pfirsich-Drink „Marathon" 84
Himbeer-Schoko-Konfitüre 91
Himbeershake 82
Johannisbeer-Drink „Triathlon" 85
Johannisbeer-Quark-Kuchen mit Baiser 70
Kaffeecreme mit Brombeeren 31
Kalte Himbeersauce 51
Kalte Vanillesauce 51
Kaltgerührte Pfirsich-konfitüre 88
Karamellsauce 51
Kartoffelpuffer mit gedünsteten Beeren 14
Käse-Birnen-Soufflé auf Brombeersauce 36
Käsespießchen mit Früchten auf Himbeermark 40
Kinderbowle 81
Kirschauflauf 15
Kirschsauce 52
Kirschsoufflé 35
Kiwi-Erdbeer-Bowle 83
Kompott aus blauen und gelben Pflaumen 89
Mandel-Pfirsich-Pizza 22
Mandeltarte mit Erdebeeren 54
Minz-Himbeer-Gelee 93
Mürbekuchen mit Erdbeerbelag 72
Pfannkuchen mit Erdbeeren 19
Pfirsich-Ananas-Chutney 91
Pfirsichauflauf 14
Pfirsichbowle 78
Pfirsich-Erdbeer-Törtchen 68
Pfirsichjogurt mit Pistazien 50
Pfirsichtorte mit Pistaziencreme 74
Quark-Aprikosen-Auflauf 16
Quark-Johannisbeer-Torte 64
Quark-Kirschkuchen vom Blech 68
Quarkkuchen mit Früchten 73
Quarknocken mit Erdbeerfrikassee 26
Reisauflauf mit Obst 23
Reisbrei mit Kirschen 34
Rhabarber in Rotwein 44

Register

Rhabarberkuchen mit Gitter 71
Rhabarbersauce 52
Rote Grütze 48
Rotwein-Kirsch-Kuchen 64
Rüdesheimer Apfelauflauf 25
Rumtopf 86
Sauerkirschdrink Red Balloon 82
Savarin mit Kirschragout und Zimtsahne 30
Savarinchen mit Käse-Obstsalat 42
Schneller Kirsch-Quark-Auflauf 21
Schokoladenfondue 29
Semmelschmarren mit Beeren 24
Sommerbowle
Sommerliche Crêpes mit Beerenfrüchten 35
Sommerlicher Fruchtsalat 48
Sommerliches Quarkdessert 49
Sparkling Peach Tea 79
Stachelbeerkuchen mit Baisergitter 56
Stachelbeertörtchen mit Crème-fraîche-Guss 74
Vanilleeis im Schokoladensüppchen 44
Vier-Beeren-Marmelade 94
Waffeltorte 62
Waldmeisterspeise mit Vanillecreme auf Erdbeerschaum 39
Weinschaumsauce 51

Text- und Bildquellen

Titelbild: StockFood
Inhalt: Biskin: 35; Californische Mandeln: 53; CMA: 30, 31, 36, 40, 42, 46, 59, 64, 88, 89, 90, 91, 93; Coca-Cola: 81; Ketchum: 13, 67, 22, 32, 33, 34, 38, 53, 72, 73; Köllnflockenwerke, Peter Kölln: 56, 57, 60; Lipton Ice Tea: 79 (unten); Maizena: 16; Maggi Kochstudio: 66; Müller's Mühle: 47, 50; Severin: 10, 11; Steinbach PR: 75; StockFood: 2/3, 5; The Food Professionals Köhnen GmbH: 18, 27, 29, 37, 39, 44, 45, 55, 58, 61, 63, 65, 66, 68, 69, 70, 71, 75, 788, 79 (oben), 80, 83 (unten), 87, 92, 94; Unilever Bestfoods Deutschland GmbH: 20; Wirths PR: 41, 43, 49, 70, 76, 77 (2x), 82 (3x), 83 (oben), 84, 85 (2x)

Impressum

Alle Angaben wurden sorgfältig recherchiert, eine Garantie bzw. Haftung kann dennoch nicht übernommen werden.

Chefredaktion: Evelyn Boos
Redaktion: Heidilore Häusler
Einleitungstext: Dagmar Fronius-Gaier
Produktion: Wolfram Friedrich
Umschlaggestaltung: Inga Koch

ISBN 3-8174-5675-1
5356751

Mehr Infos im Internet unter www.compactverlag.de